整理，
让我
脱胎换骨

让**生活更轻盈、更丰富**的四周变身计划

整理大神
笔记女王 Ada / 著

四川科学技术出版社

整理，是让
生活更有系统的态度

从上一本书出版到现在已经四年了，小助理这几年在忙什么呢？正在忙着乱七八糟地过日子！

是的，正在忙着乱七八糟地过日子。

自从上一本书出版后，我的生活就有了很大的改变，到处跑记事本分享会、演讲。有时候杂志采访要拍笔记本照片，拍完回来笔记本没有放回原位，下次想再展示笔记本时就找不到了。我也试着去上一些让工作数字化的课程，希望借用数字化管理，能把笔记或文件变成数字档案，提升工作效率，但却发现运用数字化管理之后，我的生活反而更乱了。

为什么用在别人身上显得特别有用的方法，放到我身上却不能用呢？是我使用的方式错了吗？

以前那个做事有条不紊的小助理，现在怎么会落东落西，工作都做不好，生活也一团乱呢？

我花了好长一段时间去找出问题点，也花了好长一段时间检讨现在的工作方式，这本书就是要跟大家分享我这段时间的体悟与改变。

我诅咒你赤脚踩到乐高

　　在脸书（Facebook）某个硬笔书法的群里看到这句话时，我忍不住狂笑，多么恶毒的诅咒啊。像我这种赤脚踩过乐高的人，就知道那有多痛。

　　回想起 2012 年下半年，我为很多本关于整理术主题的书写序。当时的我不知道在忙些什么，每天行程满满，拖着行李箱跑来跑去，回到家都累得不想动，直接把行李往房间地上倒，我妈就会来我房间把要换洗的衣服捡去洗，其他的东西散放在地上。从网络书店订来的书也堆在房间地上，等着我分类放上书架；手机电源线、充电器……全都堆在床边的地上。

当时的我躺在床上，手机想充电，翻个身就可以插电；想看书，翻个身就可以从地上捞到书。那时候的我好懒，觉得不整理也没关系，东西就放在床的四周，想拿也很方便。我超能体会日剧《鱼干女又怎样》的女主角为什么可以生活得那么惬意，我不想变回爱整理的小助理，从今以后我想当鱼干女，当鱼干女也没什么不好啊。

但是，人不能太懒，太懒的话报应就来了。有一天，我因为尿急起床，脚一伸踩到的不是地板，是变电器！两根凸起的插头，刺得我脚底板好痛啊，偏偏我又尿急想去厕所，但脚痛得寸步难行，跌坐在地上（其实是书堆上），眼泪差点掉下来。相信有过这样经验的人，一定会懂"我诅咒你赤脚踩到乐高玩具！"是多么可怕的诅咒了。

什么都要做，什么都在做，却从未做完过，也从未做好过。

曾在网络上看到一则"失败的定义"，把它拿来描述我这几年的生活，实在是太贴切了。

这几年常有朋友问我："最近在忙什么？什么时候出下一本书？"我都无言以对。自从出书后，我常接到一些演讲邀约，结果去演讲后发现自己能力上有很多不足的地方。于是四处去上课学习，各方面的书籍也都广泛涉猎，以防跟不同领域的人聊天没话题，以致于我的生活变得混乱。虽然有满脑子的想法，零零碎碎地写成一张张的资料卡，也在电脑上把这些想法记录下来，但到头来还是一堆零乱的文字，无法组成一本书，做了那么多，也等于没做。

想参加日语等级考试、想去考证照、想拿个学位、想学硬笔书法、想去当义工、想把买来的书都读完、想把英文学好……心里有太多想做的事，所以每件都要做，每件事都在做，最后却没有一件是完全做好的。

我自认为是个很懂得整理的人，在朋友圈中，

失败的定义：

什么都要做，什么都在做，
却从未做完过，
也从未做好过。

Ada抄自钢笔旅鼠本部连的网友

也是大家公认很会整理的人，怎么遇到生活圈子变大，接收到的资讯爆量时，反而忘了筛选和取舍的重要，把"断舍离"的精神都抛诸脑后了呢。看起来我好像很忙，生活很充实，但我自己心里明白，我真的一事无成，我是个失败的人。

改变就从现在开始

我曾读过一个故事：有人收到朋友送的一束花，他觉得很漂亮，拿回家后决定摆在茶几上，从储物间里找出尘封已久的花瓶，仔细清洗一番，把花插在花瓶中，然后摆上茶几。这时候他发现茶几上堆满旧报纸、喝完茶没洗的杯子，甚至还堆满灰尘。忽然他觉得这茶几配不上这瓶花，于是就动手整理了茶几，把报纸拿去回收、杯子拿去洗，用抹布擦去灰尘。一下子，茶几和花变成整个客厅最亮眼的摆饰。他坐在沙发上欣赏着这瓶花，又觉得屋子里其他地方好脏、好乱，忍不住又开始打扫其他地方。最后，整间屋子都变得干净又整齐，而这一切改变的起因，都是因为朋友送他的一束花。

如果你也想要脱胎换骨、有个不一样的人生，你也想要改变自己，那就送自己一束花吧！也许不是一束真花，只要是能让自己改变的东西，我们就开始吧！

你想花多久时间改变自己呢？1年？5年？10年？不不不！这都太久了。

记得我满脸痘子去美容院做美肤时，美容师告诉我：皮肤细胞从一个基底细胞生成，到变成皮屑脱落大约需要四周的时间，只要这四周好好地注意饮食和生活作息，好好地清洁皮肤，把皮肤照顾好，四周后，我就可以从满脸痘子的丑女变成美女。我永远记得美肤后，被众人称赞的感觉，那种换了一个人似的感觉。

把自己当成皮肤细胞吧！用四周的时间，淘汰老旧细胞，换成全新的细胞，好好地整理自己，慢慢改变原有的生活方式、改变所思所想，脱胎换骨成为一个全新的人。

目录

WEEK3
限制是为了更自由 ————

附录

WEEK /1

生活
就是要舍得

为什么所有的整理术，
都要你先"丢"东西呢？
让我告诉你丢东西的重要性，
不仅能清理你生活中的杂物，
也能让心灵净空。

1
2
3
4
5
6
7

每个人的生活
都需要断舍离

整理的极致，最具深度的心法

看过很多关于整理主题的书，也看过很多电视节目中介绍的整理术，我从心底佩服的是山下英子老师的《断舍离》以及金子由纪子老师的《不浪费的奢华》。在我心目中，这才是真正的整理术的极致，最具深度的心法。

✏️ 重新思考对物质的需要

"断舍离"心法，一般人常误解它的定义，以为将自己不要的东西往外送就叫"断舍离"。其实"断舍离"除了断绝家里已经有的物品舍弃自己多余不要的东西之外，最重要也是最核心的就是要远离对物质的欲望。这点对我这个从小生活在物资不太丰裕的年代，家人对家中每一件物品都很珍惜的人来说习以为常。但对原本就生活在物质充裕的年轻的一代人来说可能很难想象，试着跟老一辈的人请教，我想应该多多少少能从老一辈人那里学到一些心法。

金子由纪子老师的《不浪费的奢华》，其实书名有"不持有的生活"的意思，**书中强调我们要懂得爱自己，把自己看得很重要，每个人绝对值得使用最好的东西，至于那些可有可无的东西，尽量"不持有"**。例如，住在大城市里的人，出门搭乘公共交通工具非常方便，那么汽车就可以不必拥有；现在市面上有行李箱出租公司，对于不常出国的人来说，在家里放个行李箱是很占空间的，偶尔要出国时去租用就够了；爱看书的人可以多利用图书馆，等等。

金子由纪子老师说，我们可以将钱存起来，买一个昂贵的名牌包包，但这个包包必须是搭配我们的每一套衣服都适宜的款式，所以出门时只要背这个包包就很得体，不需要为了配合衣服而花很多钱买不同款式的包包来搭配，以致于造成家里堆放过多闲置的包包。这跟我小时候的生活很像，那时我只有黑白两双皮鞋，夏天就穿白皮鞋，冬天就穿黑皮鞋，别无选择，但生活却那样地单纯而自在。

我在写这本书的时候，正好是叙利亚发生战争，很多难民逃到欧洲的时候，网络上有篇文章写道：叙利亚难民的包包里都装些什么？是啊，包包里一定是装我们最珍贵的东西，不是吗？到底是什么呢？如果是我，我会带什么走呢？

✎ 这些，你真的需要吗

小时候，我很喜欢去夜市看人家卖东西，不是静静地摆摊的那种，而是介绍新上市产品、大声吆喝的那种，后来有了电视，就变成了在电视购物频道卖东西的那种。

我永远记得，我爸爸很开心地买了一组可削皮又可刨丝的多功能厨具，现场人员示范时手脚利落，一下子就弄出一座小山般的卷心菜丝、萝卜丝，真的太厉害了。刚开始我妈妈还很兴奋地用它，后来就觉得每次拿出来用时，都要拆装一堆零件，用完后的清洗也很麻烦，再后来这组多功能厨具就被束之高阁了，我妈妈又恢复一把菜刀闯天下的习惯，一把菜刀就可以削切刨丝，刀工一流。练好刀工，就不需要这些辅助厨具了。

后来，电视上又出现一组可以削苹果的机器，把苹果插在铁签上，转两下，苹果皮就被削得干干净净。每次要吃苹果，就把它从柜子里拿出来，用完再清洗干净，放在调离台上晾干后再收回柜子里。真的需要为了吃一个苹果而做这么多道手续吗？

"有了筷子，就不要打蛋器"，我常在演讲中提到我妈妈的这句名言。

年轻时，我觉得女孩子就应该像偶像剧里演得那样，烤蛋糕或小饼干送给喜欢的男生吃。我当然不例外，也想学做小饼干，于是到大卖场挑选打蛋器，同行的妈妈却阻止我了。她说："家里有筷子了，用筷子打就好，为什么要买打蛋器？"但我还是执意买了打蛋器，结果只做了一次饼干失败后就放在厨房，放久了也坏掉了。

仔细想想，我们真的需要这些新奇功能的辅助厨具吗？原本的工具不好用吗？

有相同功能的东西可以考虑不买。例如：标签机。我也曾想买一台标签机，为每份文件或档案贴上整齐又美观的标签，但标签机也有它的局限性。比如，标签的宽度、颜色、形状以及字形大小等，能选择的种类太少，还不如买 A4 的标签纸，把想打的文字内容排版，用彩色打印机打印出来再剪裁，自由度高, 花样又多。相片打印机也曾经出现在我的待购物品清单内，但经过思考后，我也舍弃不买了。因为我不急着在旅行途中印出相片，回家后再用电脑和彩色打印机打印就可以了。即使遇到和朋友合照，也是通过电子邮件或光盘把照片转寄给对方，不需要立刻打印出来。再者，以上所说的标签机、相片打印机，它们不仅价格较高，而且也只有单一用途，万一机器坏了，也不能拿来做其他用途。A4 标签纸、电脑、彩色打印机，就可以取代以上机器，真的不需要再买来占空间了。

　　现在智能手机非常普遍，我也渐渐淘汰了一些东西并不再购入。例如：数码相机、摄影机和 DVD 播放机等。这些东西全都可以用智能手机取代，所以当家里的这些电器出现故障后，我也不再添购新品了。

　　不需要的东西，再怎么便宜都不要买。

如果我要到无人岛上，要带什么东西呢？

1
2
3
4
5
6
7

有没有可取代的东西

为每一件物品找寻新出路

思考一下，有些东西，我们真的需要吗？如果真的需要，可以用什么东西取代呢？

刚踏入社会工作时，看前辈从胶带台中拉取一段胶带迅速地粘贴在信封上，非常顺手，姿势利落又漂亮，我觉得一个专业小助理的桌子上一定也要有一个胶带台。于是我的办公桌上多了一个胶带台。在文具店，我看到从小就梦想拥有的电动削铅笔机正在特价销售，为了弥补小时候没能拥有的遗憾，于是也买了一台摆在办公桌上，但因为要插电，所以拉了一条延长线到桌面。为了整理笔记与资料，我买了一台三十孔打孔机，但打孔机太长放不进抽屉、也收不进柜子里，只好又搁在桌面上。听说仙人掌可以防电脑辐射，为了身体健康，我也摆了几棵在桌上……。不知不觉，办公桌的桌面上多了好多"必需品"。

✏️ 当必需变成垃圾

是的，以上所说的这些文具，对我来说都是必需品，可是又多又乱，真的无法解决吗？我真的需要这些工具吗？

后来，我找到了其他的替代品来取代这些"巨大的垃圾"。原本是必需品的文具，怎么现在会被我形容成"巨大的垃圾"

呢？是啊，当你工作很忙时，桌上已经有很多待处理的文件了，再加上这些文具，岂不是更乱？平时看这些文具都觉得可爱，但工作一忙，这些文具在桌上就成"巨大的垃圾"了。

我自己评估了一下，自从电子邮件出现后，就很少再寄纸质邮件了。于是我改用轻巧、可放进抽屉里的手持胶带台取代大型胶带台。自动铅笔或免削铅笔也取代了木头铅笔，虽然手上还有几支木头铅笔在用，可是好几天才削一次铅笔，实在没必要用到电动削铅笔机，所以我也换了个手持削笔器，转两三下就削好一支铅笔，体积小小的可以放在抽屉的文具盘里。从学校毕业后，没有那么多的笔记需要整理，我只要准备一个单孔的打孔机，就可以取代三十孔打孔机。自从改用体积较小的文具后，顿时桌面上少了好多大型文具，感觉清爽多了。

前面提到有了 A4 标签纸、电脑和彩色打印机，就可以不用购买标签机、相片打印机。现在还可以用一些体积较小的文具来取代大型文具，这些都是节省空间的好方法。

许多过极简生活的人，用一台电脑就取代了 CD 播放机、DVD 播放机，为家里节省了不少空间。我们也来想想看，有什么想买的东西，是可以拿原本已有的东西来取代的呢？例如：学拼布，想要买一台缝纫机，可是又怕自己半途而废，所以初期缝纫机可以用针线取代。

请填写下面的表格，填写时一定要思考清楚噢。

想买的东西	可以用什么取代
例：打蛋器	筷子
例：缝纫机	针线

一起来想想生活中有哪些东西可以取代想买的东西，这样就可以减少好多杂物了

1

2

3

4

5

6

7

丢掉丢掉，统统丢掉

「丢」是一切整理的开始

为什么提到整理术的书或影片，教人整理的方法都是从"丢"东西开始呢？

其实，**不管是整理术还是收纳术，都是为了方便地"拿出"东西**。看清楚噢，目的是要"拿出"东西，绝不是"放"东西。

你知道整理的目的吗

要怎样方便地"拿出"东西呢？当然是要先减少东西的总数量。

想想看，是在茫茫大海里找尼莫（电影《海底总动员》的主角小丑鱼）比较好找？还是在水族箱里比较好找？当然是在水族箱里比较好找啊！当水族箱里只有八条鱼时，能超快地找出尼莫，而大海里有数不清的鱼，无论是从太平洋开始找，还是从大西洋开始找，都很难做决定。

我在《笔记女王的手账活用术2——偷看别人的笔记》一书中也曾提到：

找东西的速率＝要找的东西件数／所有东西的总件数

当分母愈小，找到东西的速率就愈高，不是吗？所以，"丢"是一切整理的开始。

找个大纸箱或是垃圾桶、垃圾袋，把确定过期不要的东西先丢了吧！

✏ 先丢掉三样东西吧

有人说："当你丢掉三样东西以后，你就会疯狂地爱上丢东西的感觉。"我也有同感，当你丢掉一些陈年不用的东西，那种快感真的无法用文字形容。

试试看，今天就先从办公室丢掉三样东西，断水的圆珠笔，又干又硬又擦不干净的橡皮擦，已经磨损得看不清楚刻度的尺子，过期的奶油球、糖包、速食店的番茄酱包，已经倒闭的餐厅名片……

有没有很爽快的感觉？请记住这种爽快的感觉，超棒的。回家再继续丢掉三样东西，多年不用的发胶、牙齿快掉光的梳子、颜色不适合自己的眼影……如果可以，从大型的家具开始丢掉吧。例如，以前很流行的泡茶桌，长得像个小推车，底下还可以放个小煤炉烧开水，现在已经不流行了，也多年没用这桌子泡茶了，就送给需要的人或是丢掉吧！家里突然空出个大空间，有种茶叶在茶包里舒展开来的感觉。享受过这种舒爽的感觉，你就不会再想买东西堆放在家里了。

1

2

3

④

5

6

7

清出一个「暂放空间」

空间愈大愈自由

想一想，在我们的生活环境当中，大家会觉得"乱"的地方是哪里？

不知道大家有没有玩过电脑游戏中的"连环新接龙"？那是电脑系统内建的游戏，也是我最常玩的电脑游戏。

"连环新接龙"教我的事

"连环新接龙"的游戏规则就是，将一堆混乱的扑克牌依花色和数字顺序排列，等到某一花色完成从 1 ～ 13 的顺序时，它就会被收在画面左下角，屏幕就会变得比较空。被收起来的牌愈多，可移动的空间就愈大、愈自由。等到所有的牌都被收集到左下角后，屏幕画面就会开始放烟火，表示你赢了这局比赛。

我从"连环新接龙"的游戏里体会到：

◎物以类聚

同花色且连号的扑克牌要放在一起，才能一次大量移动，否则一次只能移动一张。

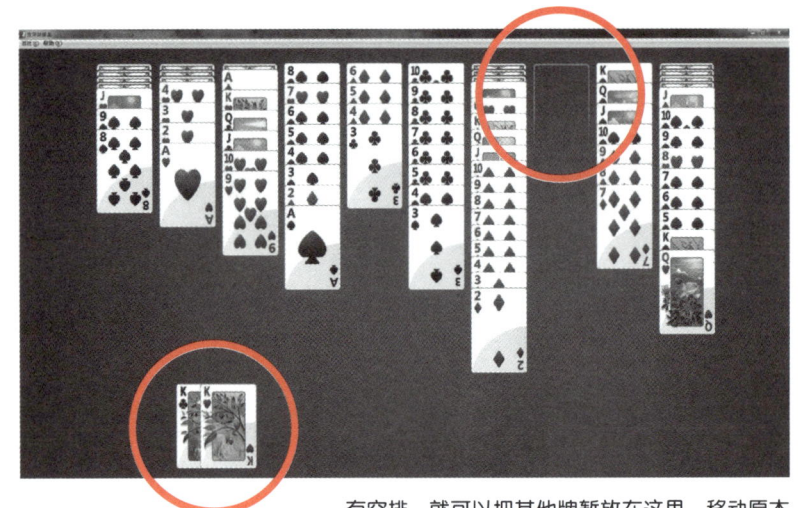

有空排，就可以把其他牌暂放在这里，移动原本被压在下面的牌。已完成1～13的花色，就收在左下角，让上面多出一些空间

◎ 清出空排当作缓冲空间

尽快完成同花色排列，空出空排，就可以有个暂放空间，就像茶叶有可以舒展开来的空间一样，自由度更高。

◎ 空间越大弹性越大

越多的空排，扑克牌能暂放的空间就越多，就能越快地完成任务。

整理工作，不就像在玩"连环新接龙"吗？同性质的东西放在一起，找起来比较方便，例如：想找衣服就去翻衣橱，想找去年的档案，就找去年的资料夹，如此可以节省不少时间。

　　尽快完成同花色 1 ～ 13 的连号排列，牌被收到左下角后，就可以空出缓冲空间，想办法让其中一排变成空排的话，那就等于是有个缓冲空间，其他牌就有更多可暂放的位置，移动更自如。如果把这个概念应用到生活中，我们把家里或办公室里用不到的东西送出去或是丢掉，这样就能空出空间来暂放物品。

✏ 别忘了清理暂放空间

　　我的老板每次开会回来，都把会议资料放在会议桌上，等有空再整理。这个会议桌就是他的"暂放空间"。但是暂放空间如果一直没整理，久而久之，就会变成"垃圾场"，还不能叫做"仓库"哦！仓库是指存放东西，并且可以方便取用的地方，像这样久不整理的暂放空间，跟"垃圾场"没什么区别。因为堆在那里的东西根本没有摆放的系统可言，之后也不太可能再在那里找出要用的东西了。所以，千万不能让你的"暂放空间"变成"垃圾场"，快快拿出纸箱或垃圾袋，清理你的暂放空间吧！

1

2

3

4

5

6

7

简化生活

当选择超出可控制范围就容易失控

前两年，"断舍离"或其他以整理为主题的书籍如雨后春笋般上市时，我曾替几本书写过序，也在关于整理术主题的书籍的读书会中导读。当时的我说不出大道理，但现实生活中却可以把自己周围的东西打理得很好。

东西数量少，能做的选择就少，我们自然能掌控得宜；如果东西多，数量大，当然就会超出我们的控制范围，一旦失控，后果将不堪设想。

✐ 选择少，其实很好

想想以前穿制服上学的日子，打开衣橱直接拿了制服就穿，根本不用思考今天要穿什么。但现在不是，看着满衣橱的衣服，反而不知道要选哪一件，每天光站在衣橱前思考就花去不少时间。

我曾在新闻报道中看到，美国有一对记者夫妇，他们响应极简生活，所以夫妻俩住在 10 平方米大的房子里，两人共有 3 双鞋、25 件衣服（包括上衣和裤子）、2 个杯子……天啊，两个人 3 双鞋，在我看来这真是不可思议。因为室内拖鞋和外出鞋不是应该每人各有一双，这样至少要 4 双鞋，怎么能做到两人只需要 3 双鞋呢?

日本最近也吹起一阵"极简生活风",不仅市面上有图书在介绍,电视节目也在报道,听说最近还出现了与极简生活相关的连续剧。有人真的把家里的家具都送走,平时就坐在原木地板上,吃饭、睡觉也在地板上。一台平板电脑取代了书柜、游戏机、电视、光盘播放机、记事本……(平板电脑的功能太多,无法一一说明。)衣服也只有 3 套,在家不需另外准备家居服,睡觉也不用换睡衣;就连清洁剂也只有一瓶万用有机清洁剂,洗头、洗澡、洗碗、洗马桶全都包了,减少了家里摆放瓶瓶罐罐的困扰。真的是极简到只能应付基本生存而已。即使如此,当事人却乐在其中,甘之如饴。

我没办法过这样的生活,但我可以做到尽可能地减少东西的数量。

✎ 人的需要,其实很少

10 多年前,我工作中遇到很大的瓶颈,于是跑到美国去读大学附设的语言中心。当从网络上收集学校资料时,得知我要去的城市有"小台北"之称,台湾人很多,台湾人开的超市也很多，所以很多东西到美国再买就好，不用千里迢迢地带过去。

我带了几条裤子和几件 T 恤，床单枕头和夏天的小凉被，以及一些简单的文具就出发了。那时买了个 29 寸超大行李箱，几乎是空空地带去。

真的到了美国，才发现物价好贵，可以在自己家乡 10 元商店买到的开罐器，在美国居然要台币 300 多元。什么东西都舍不得买，我就用我自己带去的东西过了两个半月的生活，并没有觉得不方便。

一把修指甲的小剪刀，取代了文具用的剪刀和指甲剪；水果都买不用削皮的，所以没有水果刀和削皮刀也活得下去；一支多色笔和一支自动铅笔，连铅笔盒都可以省了；一瓶乳液，从脸搽到脚趾头，其他什么瓶瓶罐罐的保养品全都免了。学校宿舍的洗衣机，还要拿学生证去充值才能使用，这对我这个语言不太通，又很懒的人来说太麻烦了。于是我从家里带过去的一块香皂，就用来洗澡和洗衣服。

那时候的我，不知道为什么，没有觉得生活上有什么不方便，相反的，却觉得心里很平静。宿舍房间里的东西很少，每天下课回宿舍就是洗衣服和写功课而已。因为语言不通，朋友的聚会变少，没事就在市中心区散步，偶尔带着面包去学校旁的公园坐着喂鸽子。

杂物变少了，杂事变少了，朋友聚会也少了，心灵反而平静和自在了。

🖋 当下用不到的东西就果断舍去吧

前面已经提到过，把不要的东西丢掉，可以换回清爽的感觉，怎么这里又提一次丢东西呢？

我相信，你该丢的东西已经丢得差不多了，现在要谈的是，你犹豫不决，不确定该不该丢的东西。

我曾经学了一阵子画画，学画画时买了很多的画具，后来因为太忙碌而没有继续学习，一堆水彩放在家里都快干掉了，粉彩条也开始有受潮的现象，趁着一次某个公益团体在募集二手物资拍卖时，我就将它们全都捐出去了。

有朋友问我："万一哪天你又想画画了，不得全部都要重买？这样好浪费钱的！"是的，**整理物品的第一大原则就是，只留"当下需要的东西"**。多数人没法丢东西，是因为他在整理东西时，永远都想着"这个以后还用得着""这个等我瘦下来时就可以穿"，最后什么东西都舍不得丢了。这样一来，不管你花多少时间整理，你的东西永远都不会减少，只是从这个箱子换到另一个箱子而已。所以，**眼下用不到的东西就送出去吧**！送给有需要的人。我的画具全送给了乡村的小朋友，趁这些画具还可以使用时，给有需要的人使用。将来有一天如果我又想画画了，我相信，我一定会再买到适合我的画具的。

　　活在当下，未来的事未来再说，尽情享受当下生活的美好吧。

1
2
3
4
5
6
7

列出消灭清单，封闭它

仔细想想为什么必须留下它呢

面对一屋子的东西，不知道从何下手整理吗？试着盘点一下我们身边的东西，哪些是必须留下来的。

千万不要用"哪些是要丢弃的"来思考，因为这样想的话，当你拿起每样东西时，一定为它找留下来的理由，舍不得丢弃它。给自己一个限制的数量，例如：假设我只能拥有100件东西，那这留下来的100件东西会是什么呢？什么会是我生活当中不可或缺的必需品呢？

拿出纸笔，把你眼前的东西列成一张消灭清单。

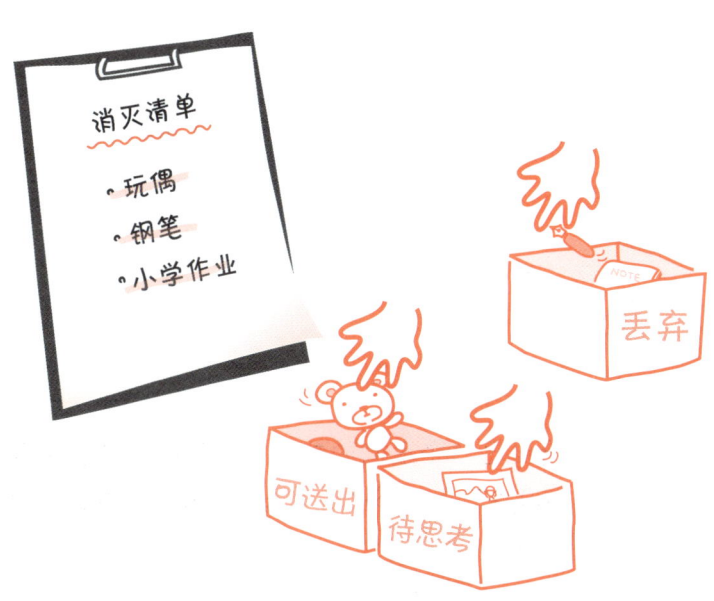

所有列在清单里的东西全部都要锁进封闭清单"观念抽屉"里，在它们还没有被消灭之前，绝对不允许它们的同类进到屋子里，也就是断舍离中的"断"绝物品再进到屋内。例如：家里已经有五瓶不同香味的洗发精，公司同事又在团购，问你："我们还差两瓶就可以免运费，你要不要带两瓶？反正可以留着慢慢用啊，保存期限还有两年。"然后你就买了。结果过了两年才发现，这两瓶洗发精都快过期了，而你原先家中的五瓶洗发精都还没用完呢！除了把当下不用的东西送出去之外，也要有封闭清单的观念，在消灭掉清单上的东西之前，绝对不要再让同类的东西进到家里。

　　现在的你，是不是觉得更清爽了呢？

Ada 问问题

给自己一个限制的数量，例如：我只能拥有100件东西，那这留下来的100件东西会是什么呢？

Just do it # 消灭清单

丢弃	送人	再想想
文具类	文具类	文具类
☐ 粉彩条	☐ 36色彩色笔	☐ 钢笔
☐	☐	☐
☐	☐	☐
☐	☐	☐
☐	☐	☐
☐	☐	☐
书报杂志类	书报杂志类	书报杂志类
☐ 过期杂志	☐	☐
☐	☐	☐
☐	☐	☐
☐	☐	☐
☐	☐	☐
☐	☐	☐

1

2

3

4

5

6

⑦

缩小「兴趣」范围

有时候，过大的「兴趣」范围

只是给自己增加负担

"断舍离"的理念当中，最主要的就是要远离对物品的贪念。对物质的贪、对情感的贪，也许很容易被判断出来，并且断绝想占有的念头，但是对学习的贪呢？从小我们就被教育学习永远不嫌多，能学多少就学多少，对学习的贪绝对是正向的，而不是负面的。

 ## "贪"会折磨人

　　有一阵子，我像是患了知识饥渴症一样，只要看到别人学了什么，我就觉得我也应该去学，不然会跟不上时代，和朋友们聊天会因为自己知识不足而插不上话。于是我跑去学插画、跳国际标准舞、练瑜珈、学静坐、上健身房、跳肚皮舞、学心智图、全脑开发、口语表达、魅力公关、太极拳等许许多多成长的课程。我每次到书店，就会把相关书籍全部买下来，当做学习参考。

　　我的阅读世界突然被打开了，什么类型的书都读。房间里的书突然像蚂蚁繁殖一样不断地冒出来。不仅我房间的书柜满了，衣橱的一大部分也变成书的家，厕所里的置物架也放满书。直到我读到一篇有关简化生活的文章，提到要**缩小阅读范围，**

不要杂学，因为读太多的书会给自己平添负担。我才将自己某一部分的阅读减化，把插画、国际标准舞这两个休闲活动相关的书和 DVD 全送给需要的朋友；与瑜伽健身运动减肥相关的书籍也都送到二手书店，再把回收的款项捐给公益团体；日语学习初级教材也送人，只留目前需要的课本。

突然之间，我房间里的书变少了，睡在里面有种像茶叶包装上的广告说的"茶叶在立体茶包里舒展开来"的感觉。我太爱这种舒展开来的感觉了，不知不觉地这个形容词在书里用了三次。不仅如此，我花在一些有一茬没一茬的上课的时间和在阅读上的时间也稍稍减少。霎时，我觉得生活中多了好多时间和空间可以应用，这种感觉好畅快啊！

WEEK / 2

从身边 1 米
范围做起

有了整理的概念后，准备动手做了吗？
不要觉得麻烦，就从身边开始，
一点一点来，准备迎接全新的自己。

钱包整理术

尊重金钱，金钱就会爱你

第一周，我们练习了整理的心法，从现在开始，动手整理吧！

不用太远，就从身边最近的地方开始吧！范围小，整理起来容易，也比较有成就感。每天最不离身的东西，除了手机之外，应该就是钱包了。想想每天中午外出吃饭时，会带哪些必需品出门呢？除了手机、门禁卡，再就是钱包了，那么就先从整理钱包开始吧！

📝 给钱的家营造一个好环境

常在网络上读到杂志记者采访有钱人的文章，几乎都会提到：有钱人的钱包大多是既整齐又干净、便于整理、收纳取用容易。不像我们的钱包，总是塞满了各式各样的卡片和收据，最可怕的是还有各种账单把钱包塞得鼓鼓的，反而钱在钱包里不是主角。

钱包对钱来说，就是钱的"房子"。人需要环境好的房子，钱住的房子也要注意环境。干净清爽的钱包，等于是让你的钱住进一个环境好的屋子，财神爷看到这么舒适的房子，也比较放心地把钱交给你，住得舒服的钱也许会帮你招来好财运；脏乱的钱包等于坏环境，也许会导致破财，这虽然没有科学根据，但是有很多人的经验证实，钱包的整洁程度的确和财运有一定的联系。

市面上有些书籍强调，有钱人都用长钱包，也有书籍强调，零钱要放零钱包里，别跟钱包放一起；还有一种说法是不要用红色的钱包，否则财务会产生"赤字"。不管书籍上怎么说，别人怎么用钱包，只要找到适合自己的钱包，并且随时保持干净整齐，就是最好的方法了。

✏️ 钞票的整理：分类 → 排列 → 收好

常整理钱包的人有一个共同特征，那就是对钱很尊重：把钞票一张张对齐放好，使用时也是以一种恭敬的心情把钞票交到对方的手上；拿到发票或收据后，也是整齐地叠好，回家后马上拿出来记账；对于花出去的每一笔钱都带着感恩的心。这样的人对于他所消费的每一件物品都很珍惜，也不会随便乱买东西。

反之，对钱不尊重的人，看到喜欢的东西就买，只要钱包里有钱，不管买回家后实不实用，或是家里是不是已经有这个东西了。买回家后才发现家里已经有类似的东西，或是买回来的东西没有想象中好用，只好搁置一旁，不知道该如何处理。

现在请大家拿出钱包里的钞票，把折角或皱褶的地方仔细摊平叠好，百元钞、五十元钞归类好再重新放入钱包。 即使结账找钱时手忙脚乱，匆匆忙忙地把钱塞进钱包里，回到家也要尽快把钱重新整理好。

发票的整理： 用长尾夹整理

发票的整理和个人账务的整理是不可分的，做好发票整理，就是做好自己的财务管理。

我分享一下自己整理发票的方法。收到的发票一定叠好放入钱包中，如果在没开发票或收据的商店买东西，我也会用笔把品名和金额写下来放入钱包里。因此，我的钱包里随时放着钱包专用笔和便条纸。

万一真的没带纸笔，也可以用手机拍照，回家再记账。记得！把买的东西和找的零钱一起拍合照，回家才知道花了多少钱。万一连手机都没带，那么就把找的零钱放在不同口袋，回家数一数口袋里的零钱，用拿出去的钞票金额减去零钱金额，

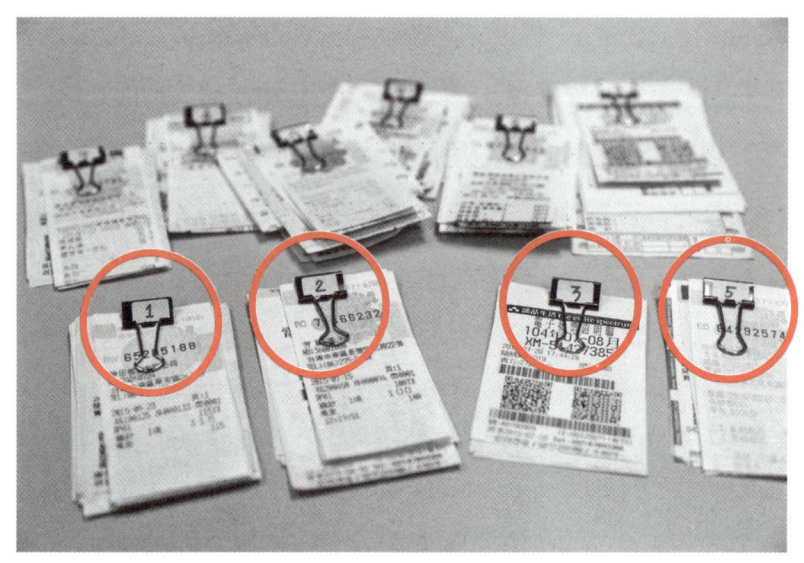

几个小小长尾夹，就能帮我做好分类，简单明了

就是花掉的金额了。

总之，**每笔支出的金钱都要记下来，这样才能清楚自己的金钱流向，精确掌握自己的财务状况。**

记完账的发票就用长尾夹来整理。**准备十支长尾夹，标上〇至九，依每张发票的百位数夹进长尾夹里。**是百位数！百位数！百位数！很重要，所以要说三次。

为什么要依百位数来分呢？因为一般人最常中奖的要看末三位数，只要依百位数来分，就可以先删掉大部分没中奖的发票，再来慢慢兑奖。以台湾2015年九、十月份开奖的数字来举例。中奖的数字是260、263、937、875、131、096、819、105，这些中奖号码里的百位数不包含3、4、5、6、7，所以夹在3、4、5、6、7的这些发票全都可以丢掉，因为一张也没中，剩下的再来兑奖。这样就省去大半的兑奖时间了。

或许有人说，把发票捐给慈善单位就可以啊，干吗花时间去对奖呢？其实慈善单位收到捐赠的发票。也要请义工帮忙对

奖别	中奖号码
特别奖	**07332260** 同期统一发票收执联8位数号码与上列号码相同者奖金1000万元
特等奖	**20119263** 同期统一发票收执联8位数号码与上列号码相同者奖金200万元
头等奖	**76833937、28338875、83689131** 同期统一发票收执联8位数号码与上列号码相同者奖金20万元
二等奖	同期统一发票收执联7位数号码与头等奖中奖号码末7位相同者各得奖金40000元
三等奖	同期统一发票收执联6位数号码与头等奖中奖号码末6位相同者各得奖金10000元
四等奖	同期统一发票收执联5位数号码与头等奖中奖号码末5位相同者各得奖金4000元
五等奖	同期统一发票收执联4位数号码与头等奖中奖号码末4位相同者各得奖金1000元
六等奖	同期统一发票收执联3位数号码与头等奖中奖号码末3位相同者各得奖金200元
增开六等奖	**096、819、105** 同期统一发票收执联末3位数号码与上列号码相同者各得奖金200元

领奖期间自2015年12月6日起至2016年3月7日止

【领奖注意事项】【2015年7～8月统一发票中奖号码单】【2015年9～10月统一发票特别奖、特等奖中奖清册】

注：此图为范例图，仅供参考

发票，看到一些义工奶奶、义工爷爷戴着老花眼镜，努力地比对发票数字，我实在有点不忍心。不如我们先花点时间对完发票，再把中奖的发票捐出去，这样不是更好吗？也算是功德一件。

📝 账单的整理：透明夹链袋帮助收纳

其实钱包里不该放账单的。一收到账单，我会立刻去缴费，绝不会拖延到缴费期限截止日。有人说等到缴费期限截止日那天去缴，可以省下利息钱。唉，虽然我是个对钱比较计较的人，但算一算这几天的利息钱实在不多，万一超过缴费期限，迟缴罚款可是比省下的利息钱多很多，何必冒这个风险呢？所以**收到账单立刻缴纳，缴完后立刻记账。然后准备一个夹链袋，贴上年度标签，把收据放进标注该年度的夹链袋里，有些可减税的单据就等明年要申报所得税时列举。**不能用来减税的账单也放在夹链袋里，一年一个夹链袋，清楚明了。

✏️ 卡片的整理：丢、剪，只留一张需要的

前几年，电视上的谈话性节目都会请理财专家来分享如何办信用卡省钱兼赚返利金、免费停车和机场免费接送等经验，看起来好像办张卡就会让钱从天上掉下来似的。

很多店家都希望通过办会员卡来留住客人，因此鼓励客人办卡。就这样，钱包里会莫名其妙地多出好多张商店会员卡。

以前我也有很多张卡，甚至钱包里的卡比钱还多。但事实上会用到的卡没几张，而且为了累积信用卡的消费返利金，还经常多花钱买不需要的东西。有一次，某家信用卡银行的客服惹我生气，我就把那张信用卡注销不用了。后来只要接到银行打来的推销电话，我就顺势表达出对他们的电话推销感到讨厌，同时注销那家银行的信用卡。**现在我只剩一张信用卡了，留着上网购物或买高铁票用**，其他的全部注销。

至于大卖场或店家的会员卡，除了几家书店的会员卡还保留外，其他的会员卡也因我太久没去消费而被自动取消资格了。当新开张的店家问我要不要办会员卡时，即使有再多的优惠，我都一律拒绝。因为常去的店家，只要看到我，自然就会

给我打折，根本不需要拿出会员卡；不常去的店家，不知道什么时候才会去消费，那就更不需要办会员卡了。

超市和商场的集点贴纸就更容易清理了。只要有朋友想要，我立刻送出去；如果没有，找到"集点送爱心"的公益团体，把点数寄给他们，他们就会帮忙到超市或商场换食品或零食，送给贫困地区的小朋友。

好了，现在钱包变清爽了，有没有觉得钱变多的感觉？至少在钱包里没有其他碍眼的东西，钱是钱包里的主角了。

整理　　记账　　感谢

好好地爱钱，钱就会爱你

以后都要养成这样的整理习惯哦！每天睡前把发票拿出来记账，记完账后依发票号码百位数归类夹进长尾夹里。这样整理钱包后，你有没有发觉自己对个人财务一清二楚了呢？比如花了多少钱，手边还剩多少钱可以使用。对自己的财务越了解，就越不会浪费钱去买一些不必要的东西，也不会因为不清楚自己曾买过什么东西而发生重复购物的情况。

1
2
3
4
5
6
7

包包整理术

一个 A4 尺寸的挎包，就是我的「行动办公室」

前面我分享了钱包整理术，整理后的钱包是不是有一种漂亮的花插在干净的花瓶里的感觉呢？接下来该整理什么东西呢？当然是我们的包包啦！

对大家而言，包包的定义是什么呢？**我的包包就是我的"行动办公室"**。

我是怎么做到的呢？江湖一点诀，说破不值钱。我用的其实只是很多人都在用的"包中包"分类技巧，只是我将它升级了。

🖊 每天陪伴你的包包，更要好好管理

有一阵子，我辞掉正职工作，在一家公司打零工。虽然不是正职，但我要处理的事情却没减少反而更多。当时的我没有办公桌，所以我只好背个大包包当作"行动办公室"。我把所有需要用到的东西全放进去，举凡公司大小印章、发票、支票簿、存折、笔记本电脑，等等，全都背在身上，一辆50CC小排量摩托车，骑到哪里就工作到哪里。

失业打零工的我可不是你所想象的那种在咖啡厅里打开笔记本电脑工作。我是去市政府办事，直接在门口花台上打开包

包工作，左手抓着饭团，右手还要拿笔开发票、盖印章，装入信封、贴上邮票，然后路过邮局时再顺便去寄挂号信。

这段时间，我练就了一身好功夫，包包里的东西那么多、那么杂，我却能闭着眼睛一伸手就能拿到。这要归功于我的整理术做得好。有些好朋友最爱看我表演闭眼取物术，下面介绍我的包包整理术。因为包包是我们的"行动办公室"，包里的所有东西也要像办公室里的东西一样各就各位。

我的六个包中包密技

分享一下我的升级包中包密技，这样做的目的无他，只是希望连闭着眼睛都能拿到需要的东西而已。

◎让东西站起来

记得我念书时，总要买块小木板放在书包里，让软软的帆布书包能硬挺起来，课本、作业本在书包里直挺挺地站立，不会

虽然可能增加包包重量，但却是最好用的隔层

东倒西歪，可以很顺利地拿出课本或笔记本。同样地，我希望我包包里的东西也可以直挺挺地站立，东西方便好拿。以前经济条件没现在那么充裕，没钱买小分类包，我都是利用物品原本的包装盒来做袋子的隔层。例如，钱包的包装盒、万用手册的包装盒，等等，将这些盒子粘贴在一起，就是很好的分类隔间（如第 60 页图示所示），**并且确保每个包包里的东西都能站立起来，方便好拿。**

◎ 用视觉分类

现在经济条件比较好，虽然不会花很多钱去买分类整理包，但也收到不少化妆包之类的赠品。我的包中包有各式各样的颜色，一眼就可以分辨出哪个颜色的包放的是什么东西。但是刚开始时，我喜欢所有的包包都是黑色的，大包包、小包包全是黑色，因为黑色最不容易弄脏，所以钱包、化妆包、笔袋、杂物包，甚至连背的大包

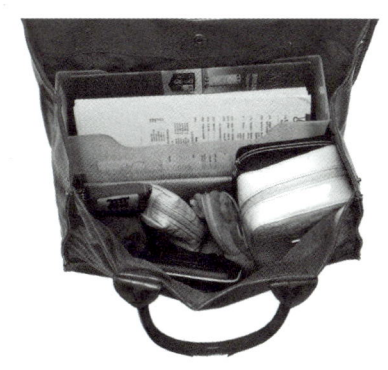

不同颜色、款式的包包，大大节省寻找的时间

包全都是黑色的。结果有一次在路边，为了拿交通卡，在袋子里捞了半天也捞不到，急死我了。打开大包包一看，里面黑压压一片，分不出什么是什么，真是糟糕。从此以后，我就慢慢地以旧换新，新的包中包都尽量不用黑色的了。

◎用触感分辨

我的小包包大多来自买东西时的赠品，它们不仅颜色不同，材质也不同。即使在昏暗的地方，我只要把手伸进大包包里，用手

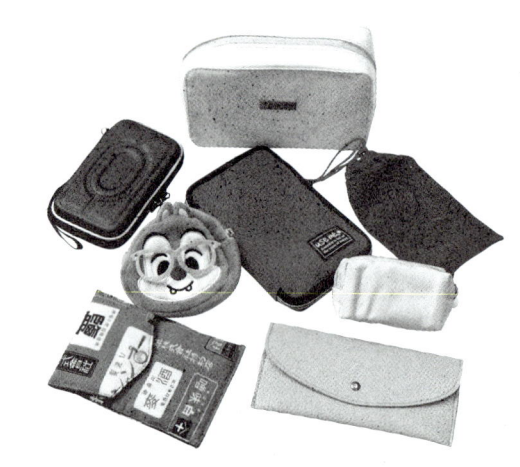

帮每个包设定一个专用 VIP，也帮自己记下包包的内容物

摸也能分辨出哪个是化妆包、笔袋、杂物包，拿取东西更方便了。

◎善用市售的整理包

现在市面上卖整理包的已经很多了，贵的、便宜的都很方便买到，各式各样的尺寸或是针对不同功能设计的整理包都

有，尤其是电脑整理包或 3C 产品整理包，隔间都是针对电脑周边产品尺寸设计。有些整理包还会为耳机线设计一个穿出来的孔呢！非常好用，可以挑个适合自己的整理包来用。

◎ 准备不同颜色的补习袋

如果你跟我一样爱上课、爱学习新知识，那么就准备几个补习袋吧！

以前我家开杂货店，小朋友放学回家后，总会来我家买零食。看那些小朋友今天提着写有○○钢琴的补习袋，明天换 XX 美语的补习袋，我都好羡慕呢！并且袋子上用大大的字写着○○钢琴或 XX 美语，都不会拿错呢！现在的我也跟当时的小朋友一样，每天下班后，会去上一些课程，于是我准备了几

只是一个小习惯，却帮助我节省更多时间

个不同颜色的补习袋，也准备了和补习袋同色的二十六孔活页夹。我的补习袋是用颜色来区分课程的，只要下班时间一到，抓起补习袋往大包包里丢，就可以直接去上课了。不用担心课本忘了带、笔记本忘了带，或是铅笔盒忘了带。

◎藏急救工具于无形

出门在外，难免有碰到困难的时候，例如：扣子掉了、裤子拉链坏了、下雨天湿湿的伞不能放入包包中，忘了带钥匙等小状况，这时候如果手边刚好有可使用的小工具就可以解决问题。但我们不是马盖仙（指头脑活跃，对科学机械有钻研的人）啊，当碰到困难时，手边都刚好有可以使用的工具。

我平时并没有另外准备急救包的习惯，但我可以从包包中拿出一些可用的小工具，例如：我会用回形针当作记事本的索引标签，必要时回形针可以拉直变成细尖的工具；橡皮筋和长尾夹绑着折叠好的塑料袋，塑料袋可以拿来装买的东西和湿雨伞，橡皮筋和长尾夹可以急救崩开的扣子或拉链。

其实就是随身的备用物，在遇到状况时可以随机应变

1

2

③

4

5

6

7

电脑桌面整理术

掌握大方向就好，不要执着在细节上

谁不想有个干净清爽的电脑桌面呢?

有人以为做事效率高的人分类也会做得好。事实上，太过于把重点放在分类上，反而什么事都卡在不知道怎么分类而无法动手去做上。

不如舍弃过细的分类，只要粗略分类后就开始行动，反而效率更高。

✏️ 电子档案整理术

电脑桌面上除了平时常用的软件外，只能有三个档案夹：跟踪催促夹、待处理、待归档这三种。

每天上班就先打开跟踪催促夹，里面放的是等待别人处理完后你才能处理的事。如果是今天到期的，就写个信或打个电话问一下进度，对方一处理完就马上接手去做，效率很快。然后打开待处理工作夹，那就是我们今天工作的重点，二话不说赶快动手吧! **完成的事先移到待归档夹，快下班前，把档案名称修改为日期在前、专案名称和厂商名称在后的命名格式，再把档案归档到 D 盘里。**

◎ 日期位置的差别

经常被朋友问道：咦？ Ada，别人的档名日期都加在最后面，你的日期怎么是加在档名最前面？

我来分享一下我的做法：在我的硬盘里的档案分成两种，一种是还在作业中的工作，另一种是已经定稿的文件。

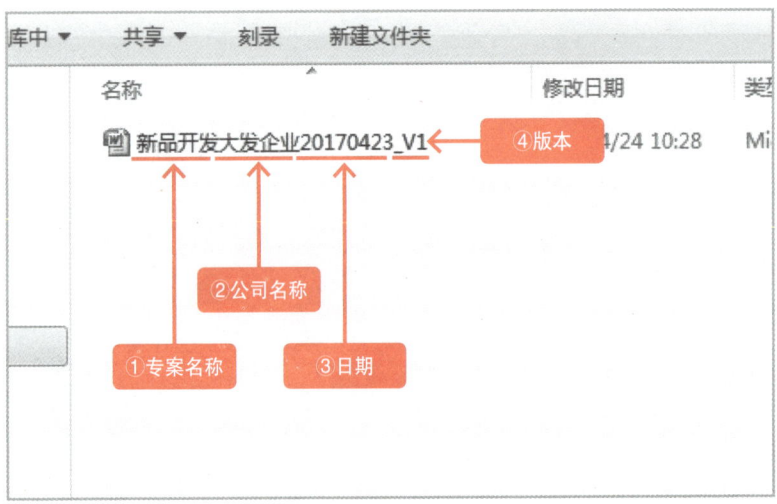

◎ **作业中的工作**

还在作业中的档案，我的取名法如第 68 页的图示。这样只要看日期就知道哪个档案是最新版的，如果有同一天改了两个不同版本的文件，也可以立刻分辨出来。

之前在 PTT 网站上看到一个笑话，有的人的档案总管画面是这样的：

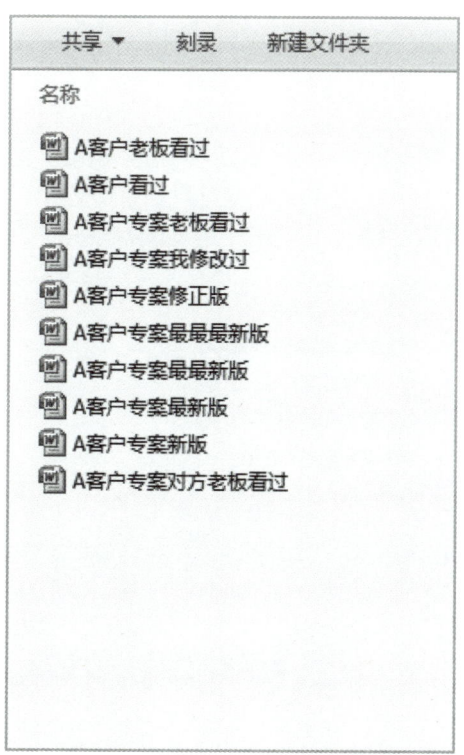

我看完后"哈哈"大笑，这不就是一般人都会犯的档案命名通病吗？太贴切、太好笑了。一字排开后根本看不清楚哪个才是最新版本。但是，只要在档案最后面加上日期和版本后，就很容易找出最近修正的版本了。

在修改中的文件，万一有特别紧急或需要特别作记号优先处理的，还可以在档名前加"●"符号。这样一来，这几个需优先处理的档案就会被排到所有未处理完档案的最前面，而且大大的"●"很醒目，一眼就看到，就会优先处理。

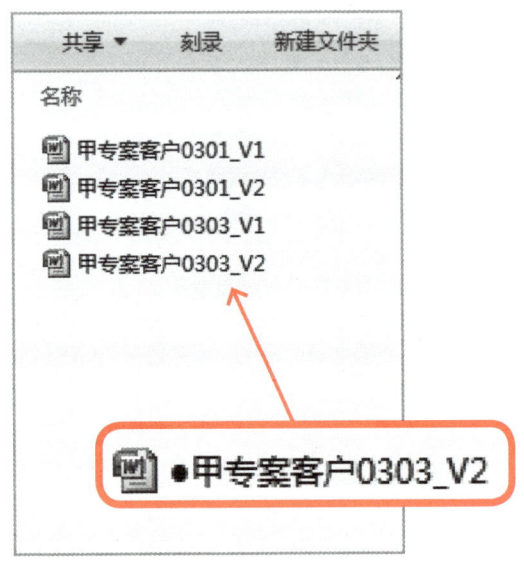

◎ 已定稿的工作

对于已经定稿、确定以后不会再修改的文件，也就是要归档的文件，这时我会将最后修正版本的文件档名改成如下图所示的样子。这样做的好处是：档案总管会依照日期排序，并且我的日期是依公元纪年。例如，今天是 2015 年 9 月 7 日，那我的档名就是 20150907XXXXXXXX，有些人会把 2015 年中的 20 省略，但我不想排序时让 2015 年档案排在 1996 年后面（96 大于 15，所以顺序会乱）。这样一来，找档案时可以依日期的先后顺序来找，也可以依专案名称或厂商名称来找，这样就方

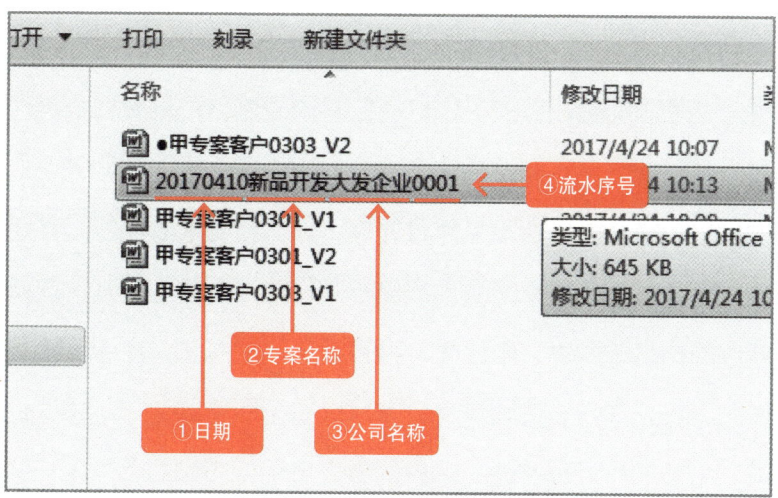

便多了。即便在同一个 D 盘档案夹里，同时存在着已完成的档案和未完成的档案，我也能快速找出我要的档案。

✎ 电子邮件管理、通讯软件管理

大家每天会处理多少封电子邮件？每天会收到多少则通讯软件信息？再加上公司内部纸质公文，来自不同的通讯渠道的工作，你都怎么处理的呢？如果老板或客户是通过电子邮件或通讯软件跟我们联络、指派工作，有时还用脸书传递信息，那要怎么管理呢？

我通常用 GTD 收件夹的概念来处理。戴维·艾伦所提倡的 GTD（Getting things done）时间管理法有一个单一收件夹的观念，为了汇总任务或工作，我们必须限制自己只有一个收件夹，并且把来自不同渠道的工作统统集中在这里。举例来说：如果你用电子邮件信箱当作收件夹，那么就要求对方将工作任务的指令或相关信息寄到你的电子邮件信箱，或是将其他通讯软件的信息贴到电子邮件里，再寄给自己。总之，你要开始工作时，打开你唯一的收件夹，就可以看到所有的工作。也就是说，纸质的待处理文件、老板同事在电话中交代的事、客户通过脸书交代的事或是其他通讯软件传来的工作，都请寄封信到自己的收件夹，这样不管什么时候、从哪里收到的工作信息，全都会集中在电子信箱收件夹里。工作时只要打开收件夹就可以，不需再到其他通讯软件里找。

我的做法比较传统，是把不同来源的工作信息全部打印在用过的打印纸背面。一般人可能觉得这样做不环保，我也曾试着把所有工作数字化，然而数字化后却没像传说中的那样提高效率。我常常盯着电脑屏幕，不知道现在该做什么，或是注意力被通讯软件的提醒声给吸引过去，然后……呵呵，然后就神游在脸书或群组聊天里了。

由于我每天处理的工作以纸质公文为主，所以我选择将工作信息打印出来，再跟纸本公文一起放到办公桌最下层的抽屉里，使用"43Folders"系统来作为我的唯一收件夹，也是我所有工作开始的起点。

也许你会问："43Folders"系统不是你长久以来一直在用的吗？怎么会让你的工作流程变乱，而又返回去使用"43Folders"系统了呢？因为有一阵子我常在外面跑，不常待在办公桌前，也相信大家说的，有一个智能手机，人不在办公室也能办公事。事实不然，有时候用手机收了电子邮件，对方要我打印出附加档案签名后再扫描回传，只好等回到办公室再处理，没想到回到办公室就忘了这件事。尤其是我的脸书粉丝专页，常有演讲邀约的信息，我常在外出时看到，回到办公室就忘了回复。这就是本书一开始，我说的用了数字化工具后没有变得更有效率，反而变得更乱的原因了。

为了避免这类事情的发生，最好的方法还是要有单一收件夹的观念。我也恢复了使用"43Folders"系统的习惯，自从恢复使用"43Folders"系统后，我的工作又开始变得比较顺利了。

☑ Ada 的 43 个文件夹整理术

所谓的"43Folders"，是指使用 43 个文件夹来规划工作流程。这 43 个文件夹，分别标上 1 月~ 12 月和 1 日~ 31 日。12 + 31 = 43，所以需要 43 个文件夹。

日期的文件夹放抽屉前面，月份放后面。

例如，今天是 2 月 15 日，那么在抽屉最前面的应该是 15 日的文件夹，一早进办公室，就把这个文件夹里的工作拿出来完成。日期已过的夹子就往后放，而且这些文件夹里不可以有任何文件或待完成的工作，因为工作应该都做完了，即使没做完，也应该放到未来日期的文件夹里。

举例来说，收到一张 2 月 27 日的开会通知单，除了在日历上记下 2 月 27 日要开会外，还要将这张开会通知放到 27 日的文件夹里；收到 3 月 18 日的宴会邀请函，就放进 3 月的文件夹里。等到 3 月 1 日时，再把 3 月文件夹里的东西全拿出来，按日期分进 1 ~ 31 日的档案夹里，而这张 3 月 18 日的宴会邀请函就会被移到 18 日的文件夹中。

假设今天是 2 月 15 日，15 日的夹子就在最前头，16 日时再将 15 日的夹子往后移。当天的工作都要完成，无法完成的话，再将该工作移至预定处理的资料夹

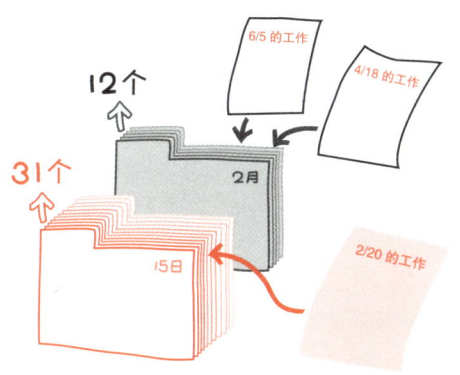

1
2
3
④
5
6
7

档案整理术

随时掌握东西在哪里

我是个科班出身的专业秘书，当初选修了一年的档案管理学课程，当然啦，20多年前电脑并不普及，所有的档案都是纸质资料，所有的建档和索引方式都需要专业训练才能做到。虽然已经过去20多年，但不能说这些档案管理法在数字化时代已完全不能用，最原始的档案管理观念还是要有的。

我介绍两个很实用的传统纸质档案管理方法吧！

 纸质档案

◎ 给每个档案一个身份证字号

往来的公文之所以都有案号，是为了容易找到。公司内部若有共同约定的档案命名规则，那就遵从公司的规定，大家都使用共同的规则，以后查找档案都方便。

个人使用的文件，即使不是正式公文，我们也可以给它们一个类似身份证字号的案号，以便后续方便查找。最简单的给号方式就是给流水编号了，当然你可以在流水编号前加上分类编号。

举例来说：

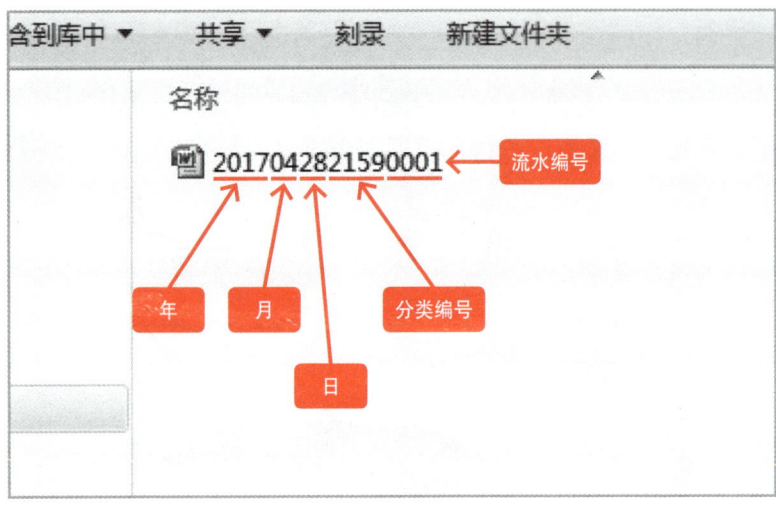

年月日的编号要看个人需求，我的做法是跟前面电脑档案命名完全一样，日期在前面，分类编号就是前页提到的专案名称和公司名称，可以给专案或公司一个代号，然后编码。当然也可以保留着中文专案名称和公司名称直接作为档案编号。

◎ 4B 铅笔辅助做记号

编好号后就用 4B 铅笔写在文件背面空白处，依数字顺序排列，放入档案柜中。之所以不将档案编号直接打在文件上，是因为这个编号是自己存放档案用的，而不是公用的档案编号，所以不宜出现在文件上。

另外，如果这份文件需要影印时，直接影印正面，写在背面的档案编号不会被印出来；万一主管立即要取走这份文件去使用不再归还，4B 铅笔写的档案编号用橡皮擦擦掉后不会留下痕迹，就可以成为一份完整的正式文件。当然了，被借走的文件，也要留张"X 年 X 月 X 日 XXX 借阅"的调阅卡放在档案柜中，跟一般档案管理规则一样；如果被拿去使用不再归还，则立刻再从电脑中打印一份归档。

◎ 由新至旧的归档

放在档案柜的顺序也是由后往前放，最久远的档案放在最后面，最前面的则是最新的档案，由于档名或案号最前面是日期，所以档案依日期数字排列，跟电脑里的排列顺序是一样的，非常好找。

◎用电脑建立文件索引

纸质文件和电子文件相比较，不方便的地方大概就是检索吧！我们可以结合数字化工具来管理纸本文件。利用电脑的查询功能，先用电脑查询后再到档案柜里去找文件会比较节省时间。

🔍 **电脑索引的范例：**

档案号码	文件摘要	放置位置
2015 03 06 2159 0001	甲专案 A 公司计划书	2015_3_2（标有 2015 的第三个柜子的第二层）

✒️ 不知如何归档的小东西

工作上的文件，一定是根据公司的档案整理规则来处理。但对于我们自己份内的小单据、小纸片、挂号收据等不需归档的东西，要怎么收纳才好呢？

这些小东西，可能并不重要，但万一要找出来做凭证时，少了它们又不行。有些人是找个盒子装起来，有些人是找长尾夹夹起来，有些人是用夹链袋装起来，但这些方法都只是找个地方来收纳这些"无家可归的小孩"，等到我们真正需要时，又得像大海捞针一样地在盒子或夹链袋里漫无目标地翻找，很浪费时间。如果我们对这些"无家可归的小孩"做些处理，可以减少寻找的时间，何乐而不为呢？

我的做法是给这些"无家可归的小孩"一个家吧！**那就是集中贴在一本手账上。**

◎ 附日期手账的新用法

每年年末总有一些厂商送的附有日期的手账或是工商日志。事实上，我们根本用不了那么多本手账，多余的手账就会被丢进废纸回收箱，这时不妨留下一本附日期的手账，当作收纳这些"无家可归的小孩"的家。

送货单、老板交办事情的小纸条，接电话时随手记下的纸片、寄东西的收执联……统统可以贴进手账里。照着手账上的日期贴就好，万一某天要贴的单子太多，那就大略地贴在该周的页面，不一定挤进当天日期格子内。当我们要找这些单据时，只要翻到那一周的那一页，**缩小寻找的范围**，就可以很容易找到。

老板问去年中秋月饼买了多少盒？花了多少钱？我不是去找电脑档案里的账单，而是去翻去年的粘贴簿。翻到中秋节前

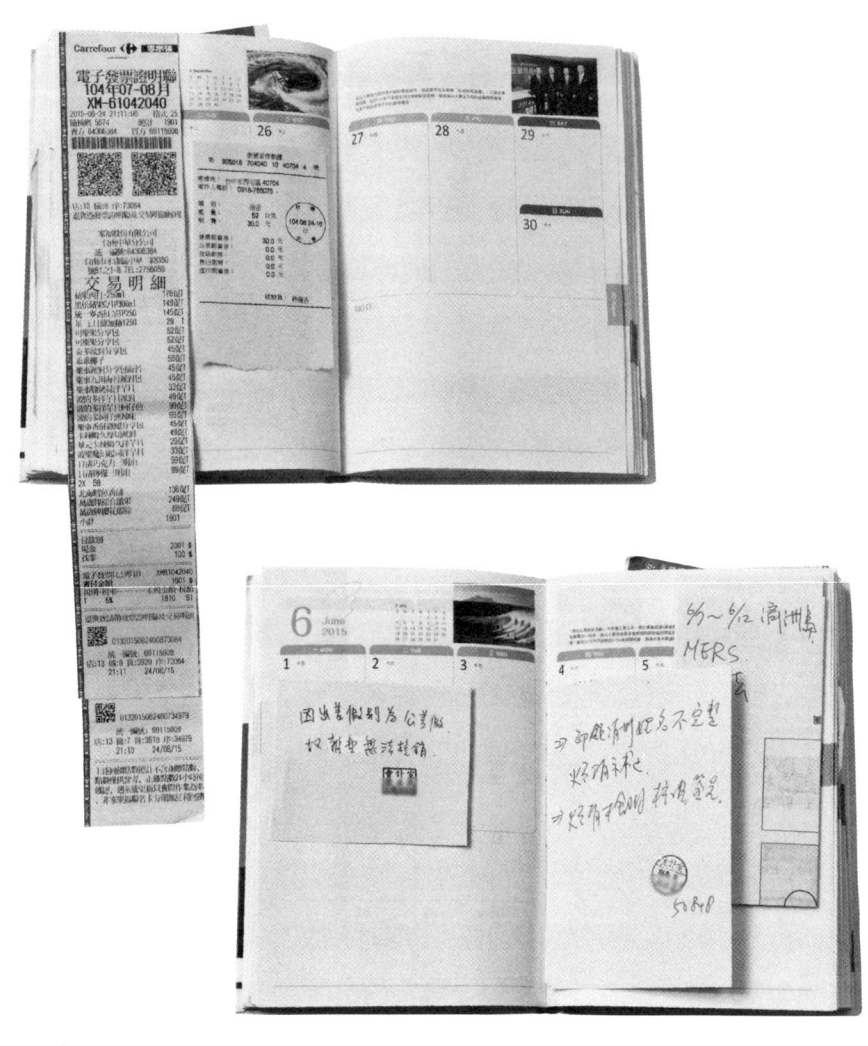

找一本有日期的手账，就可以保管这些小单据，重点是非常方便后续的寻找

一周的页面，贴在上面的送货单清楚标注了金额和数量，这比我去找账单来得快。

　　这个方法我已行之有年，对我帮助很大。我也在很多工作法分享会里分享过这个小技巧，大部分的人都说好用。你也来试试看。

1
2
3
4
(5)
6
7

办公桌整理术

桌面干净了，大脑思路也清晰了

有人说，办公桌就像一个人的大脑，桌面的杂乱程度就等于大脑杂乱的程度，你同意这种说法吗？办公桌杂乱的人，大脑思路也杂乱；那办公桌空无一物的人，是不是也代表大脑里空无一物呢？

桌面：固定每件物品的位置

◎ 驾驶座与仪表板：统一位置，在哪工作都顺手

小时候，我爱看的卡通竟然不是"小甜甜"，而是"无敌铁金刚"。最羡慕男主角拥有指挥艇，可以单飞完成任务，也可以和无敌铁金刚结合，变成操控无敌铁金钢的主要驾驶座。我也希望我可以坐在一个像是指挥艇一样的座位上，所有仪表板上的按钮或操纵杆的位置不变，在家可以这样操作，到学校也面对同样的仪表板。这样我就不用大脑去记忆东西的位置在哪里。

不记得是哪部电视剧，男主角把家里的书房布置得和研究室一模一样，书柜、书桌及抽屉里摆的东西位置全都一样。这样可以方便他回到家后继续作研究，我希望能做到这样。

◎桌面六分法

有人说，办公桌面就像切菜的砧板，还没切的菜和已经切好的菜都不可以放在砧板上，因为砧板面积很小，如果放上不准备切的菜，就会妨碍切菜的工作。

我的办公桌如下图一样分成六个部分。必备的电话机、电脑屏幕（或是笔记本电脑）、Inout tray放在桌子较远的一排；靠近自己的一方，左手边放手账，一大早来上班就打开手账看看今天的行程和待办事项；中间和右边放正在工作中的文件或

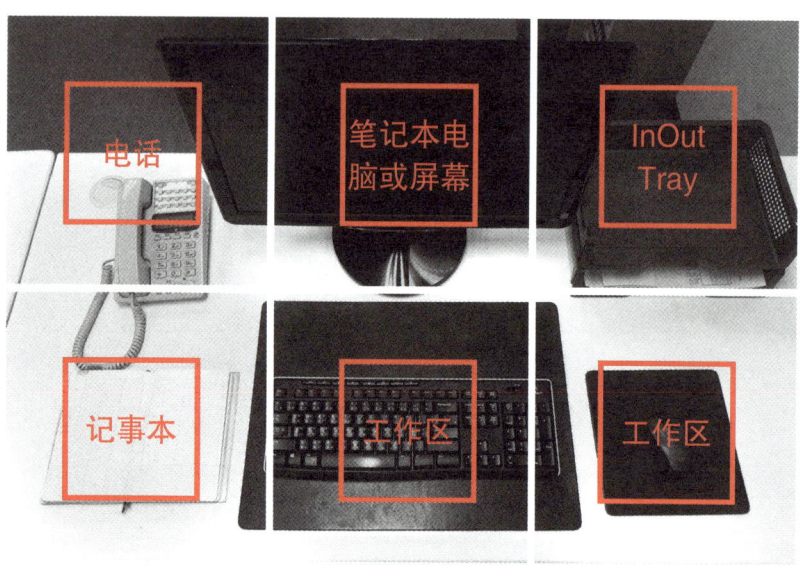

印章、印泥等东西，如果是在电脑上作业，那当然是放键盘和鼠标。

有朋友问我，杯子呢？工作中要喝水吧？连杯子都不放在桌面上吗？我习惯将喝水的杯子放在茶水间或其他柜子上，而不是放在桌上。因为曾经发生过不小心打翻水杯，弄湿重要文件的惨事，还好只是开水，如果是咖啡或茶就更惨了。所以我就养成水杯不放在工作的桌子上的习惯。虽然一边工作一边拿水来喝很方便，在冷气房里随时补充水分也是必需的，但我仍然坚持水杯不放在办公桌的桌面上 。

笔筒呢？笔筒是必要的吧？我的笔、订书机、印章和其他文具都收纳在第一层抽屉里，要用时再打开抽屉拿取。之所以如此严格要求自己，就是为了保持工作时的高度专注力。

◎ 固定位置

物品一旦摆放在固定位置后，就不再变动，这样一来，即使闭着眼睛也能找到东西。前面的包包整理术，我曾提到闭着眼睛也能拿到东西；现在讲办公桌整理术我又提到这个，其实这是从我学打字时体会出来的。当年我学盲打时，规定眼睛要看着草稿，不能看键盘和电脑屏幕，打字速度超快的，而且准确率高。我就把这种做法应用在生活中，希望在拿取东西时，眼睛也能专注在工作上，其他用具随手一摸就拿得到。

✏️ 抽屉：闭着眼睛都能拿到

我抽屉里的东西位置都是固定的，即使闭着眼睛都拿得到。

很多人的办公桌抽屉一打开，所有东西塞得满满的。有多到数不清的文具、不知道从哪掉下来的零件、分不出用过还是没用过的电池、开封或未开封的零食……要找个东西也要把抽屉翻遍才能找到。

◎ 淘汰归位

抽屉整理的第一步，把所有东西都倒出来，挑出需要的文具，每种都只能有一个。对！没错！只能一个。其他的请放回公司的备品仓库，或送出去给有需要的人。不能写的笔、断掉的尺、没电的电池……已经不能用的都统统丢掉。千万别以为哪天还会用到，放心好了，真的需要的时候，你又会去买新的了。

挑好需要的文具后，将它们放入上层抽屉中，给文具一

上层抽屉

放必要的文具。我还会用 A4 打印纸的盒盖来装打印过的单面纸，当作便条纸。接到电话或收到 email 通知时，就随手打开抽屉写下来。抽屉较深的内部，放年代久远、较不常联络的名片

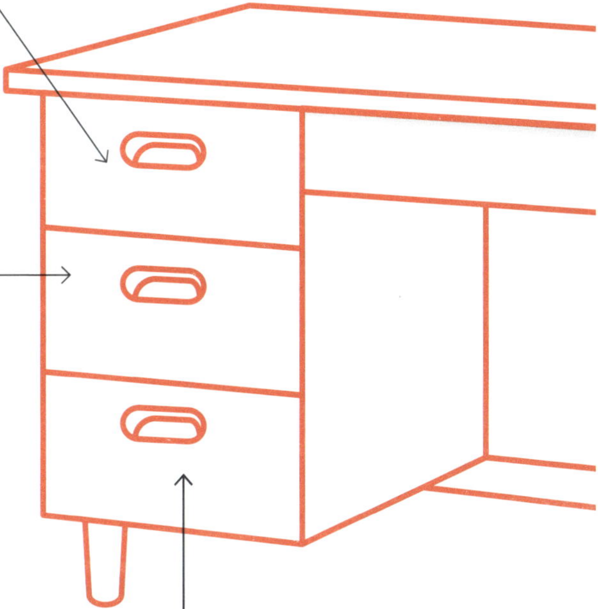

中层抽屉

可以放名片盒及其他临时文具等预备品。较深的内侧则放针线包等备用物品

下层抽屉

放 43Folders 系统文件，详细内容请见 P75

个固定的家，从今以后就只能放在这个位置，不可以随意移动它。

前面提到办公桌上不要堆放还没处理的文件，这些没处理的文件应该放在下层抽屉的 43Folders 系统的文件夹里。若你是因为怕忘记而放在桌面上，那么这些还没处理的文件，对你来说绝对是一种干扰。不如将它们先放在抽屉里，等要开始处理时再移到桌面上。

◎ 物以类聚

抽屉内文具用品，尽量物以类聚。固定文件的回形针、长尾夹放在一起，印章、印泥放在一起，做起事来会比较顺手。

以上是我个人的办公桌整理方法，但这些方法不见得适合每个人，毕竟我的工作是协助老板处理很多琐碎事项，很可能你不像我需要 43Folders 系统，把每天的待处理事项归位。但有些基本概念是很适合所有人的，大家也可以参考看看。

☑ Ada 小提醒

◆同心圆原则

办公桌的用品，依使用频率往外摆放，愈不常用到的，就放在较远的位置。

◆长销型的最好

不知道大家有没有这种体验，市面上一出现可爱的文件整理夹，就会心动地买下来。等过一阵子，想再添购的时候，发现早就绝迹、买不到了。有过几次惨痛教训后，我采购文具的法则就是，只买传统型的文具，即在店里数十年从没断货或消失的产品。不管过了多少年，我还是可以买到同尺寸、同颜色的商品。

◆档案立正站好最清楚

一般人拿到纸本资料会习惯让它"躺"在桌上，有新资料进来就往上叠，不知不觉地叠成一座小山。偶尔想翻找资料，一小心就变成泥石流。万一没夹好，纸张散落一地，如果文件没编页码，那就更惨了。最好的方法是利用书挡、杂志盒，让文件"站"起来，即使从中抽取文件，其他文件也会乖乖地站好，不会滑落一地。

✏️ 名片整理术

很多人觉得整理名片是一件很头痛的事，可是对我来说，名片是所有物品中最好整理的了。

目前市面上有很多名片数字化的工具，像 XX 名片之类的应用程序或扫描器，都可以把名片扫描后存档，并建立资料库。需要时只要输入关键字就可以找到资料，非常方便。至于已建档的实体名片，有人建议丢弃，也有人建议留下来。不管如何，**把名片资料建成电子档是第一步**。

我整理名片的具体做法包括以下几个步骤：

◎ 分辨

老板交给我的名片，我会先分辨需不需要键入 Google 通讯录里。很多社交场合交换的名片，只是客套一下，将来也不见得有交流的机会，像这样的名片我就留着，但不输入 Google 通讯录里。

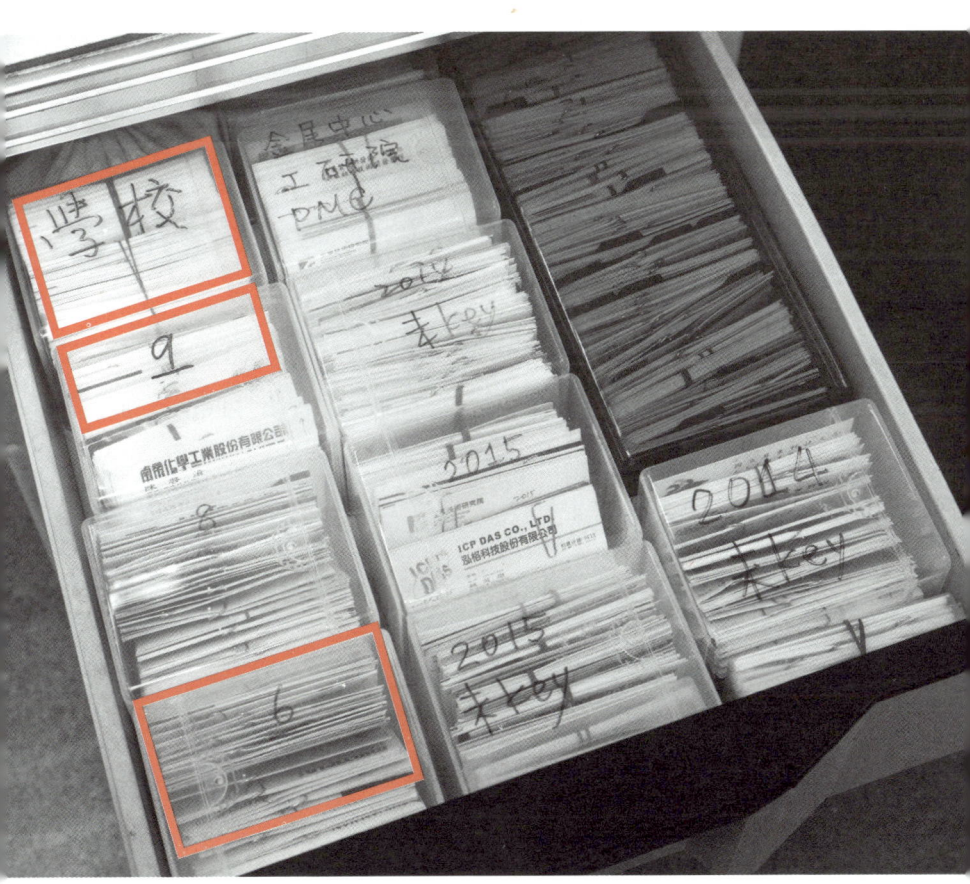

依照公司名称、笔划分类，在盒上标示数字

◎ 分类与排序

因为我老板的工作是和厂商一同作研发工作，所以常会和同一家公司里的许多人交流，这时把同一公司的名片集中在一起会比较好找，所以我就以公司名称来分类，再以公司名称第一个字的笔画数去排序。

分类的方法有好多种，依每个产业的不同而有不同的分类方式，有的以地区分，有的以产业类别分，有的以时间分。

早期我都是买市售的名片收纳盒，以厂商名称第一个字的笔画数为顺序放进名片盒的索引卡中，后来我发现一般常用的牙线棒透明盒尺寸跟名片大小差不多，放进去刚刚好，所以我就改用牙线棒的盒子来存放名片。拿一支可以水擦的奇异笔在盒子上写下数字，依照笔画数放入盒中即可。

我身边也有做秘书的朋友，他们觉得收到一张名片，也代表发出一张名片，所以拿名片盒子来收放名片刚刚好。用签字笔在每个盒子上写分类或是编号，方便又好用。但我没有用这个方法，是因为名片盒大小和名片一样大，不能在里面加索引标签，而牙线棒盒放入名片后还有一点空间可以加索引标签，所以我就使用牙线棒盒了。

也许你会问，如果老板要找所有"模具厂"的名片，而不是以公司名称来找，那要怎么办？其实收到名片时，我已经把名片上的资料键入 Google 通讯录中，并且在备注栏里键入这家厂商的营业项目，只要在 Google 通讯录中搜寻"模具厂"，就可以找到所有和模具厂相关的资料了。

整理资料或档案的目的，就是为了减少寻找的时间，所以我只要将名片粗略分类，就可以减少寻找的时间。

庙盖了，香火自然就旺了

"庙盖了，香火自然就旺了。"这是我参加某个课程时，老师所说的话，当时对我来说是醍醐灌顶。

这个课程是一群很热心的人一起办的，每次为了开课借场地都很费心，所以那位老师就建议工作人员，尽量找固定的场所开课，场地固定了，招生也会固定，自然而然就能把课程做出口碑。就像一尊神明，即使非常灵验，信众们想要告诉其他人某某神明很灵验，却不知道怎么跟人家说神明的位置，大家找不到就会放弃。如果能为神明建一座庙，信众们口耳相传，香火自然就会旺起来了。

◎位置固定，心就能安定

当时的我，正处在把助理工作由专职变成临时工的机会。我没有一个固定的位子，要工作时就去老板办公室，坐老板的座位，用老板的电脑工作。其余时间，我不是在外面闲晃，就是坐在会议桌前。如果有客人来访，我必须把做到一半的工作停下来，让出会议桌来，然后我又开始四处闲晃，等客人离开了，我才能回去工作。就这样工作常常被打断，一直无法专注。当时工作量还不多，不觉得对自己造成什么影响，只是不太方便而已；现在工作量大增，事情做到一半就被打断的情形又多，我的心情也跟着浮躁，无法静下心来工作，这对我来说真的是一大困扰。

《勉强桌，造就千万年收》这本书里，作者也说了："**固定时间坐在书桌前思考，就能创造千万收入。一旦坐上那个位子，头脑思路自然清晰，磁场强了，什么事都可以顺利地完成**"。我觉得这句话有一定的道理。很多文艺青年喜欢带着电脑坐在咖啡厅里做事，但事实上这样做的效果并不好。不仅环境吵，每次为了找位子也很烦恼，万一不幸遇到吵闹的人，那可真的是悲剧了。

当你的办公桌干净、清爽，每天都喜欢坐在座位上工作或思考，久而久之，这个座位的磁场就会越来越好，工作运自然就旺了。

1
2
3
4
5
6
7

书柜整理术

追求视觉上的清爽感，让心情更平静

大家的书柜都是怎么整理的呢?

我觉得最棒的书柜整理方式就像图书馆一样,有一套严谨的管理系统,书籍的摆放位置固定,资料检索容易、迅速且准确。但是个人的藏书没那么多,使用图书馆的管理系统如同用牛刀杀鸡。我的书籍数量跟爱书的书虫比起来算是少的,但跟一般人比起来还算多,也是需要分类整理才能找到书的。接下来我分享一下我的书柜整理术。

 ## 分区摆放

◎新书区

我的书柜最靠近我座位的那两层,放的是刚买回来的新书,这样一坐下来就可以直接拿刚到手的书来读。

◎主题分类区

工作上必备的与"手账术""笔记术""工作术""整理术"等相关的书籍以及英、日文学习书籍,也分别放在几个不同书柜。基本上,**我的分类方式是只做大分类,不做小分类。**因为这些书只有我在看,不像图书馆要对外开放,所以不需要

像图书馆那样编码上架。我只要将这几个大类的书，分别放在几个不同区块的书柜就可以了。要找书时，就去那个分类里找，不用花太多时间。

✏️ 创造视觉上的清爽

除了上述几类必备的工具书之外，我其余书的摆放方式也和其他人不同。**我是以视觉感受来摆放的**。视觉上看起来乱，心情也就跟着浮躁；如果视觉上看起来整齐，心情也较平静沉稳。

用两个方法摆放书籍就可以让视觉上看起来整齐：

◎整齐的水平高度

在日本收纳术中有这样一条规则，就是要求摆放东西的高度整齐，看起来就舒适。我会以书的大小开本为依据，放置不同的书柜，让书柜看起来有漂亮整齐的水平线。

◎颜色一致

书背颜色相近的放在一起，看起来较整齐；同一家出版社、

利用同一家出版社的同书系书背设计相同的特性，将它们放在一起，看起来就有一条整齐的水平线，创造出视觉上的整齐

同书系的书摆放在一起，水平线和颜色统一，创造出视觉上的整齐。更重要的一点，那就是同一家出版社同一书系的书，通常都是同类型的书，找起来也方便。

◎ 非书类的整理法

书柜上不仅有书，也有上课的讲义，我的整理方法也是"物以类聚"。同一门课，但是有四本不同讲义，我就用大长尾夹夹起来，要找的时候很方便。

　　散落的讲义，我用同款式的 A4 三十孔夹或是 B5 二十六孔夹来整理。排面颜色统一，看起来就有数大便是美的感觉。与讲义相关的书，就放在旁边附近的书柜，这样要找时也比较方便。

用颜色做记号

　　除了上述书籍分类法，我还用各种颜色的小圆标签来为书分类。

　　例如：正在为某个主题写文章或报告时，所需要的参考用书就用小红圆标签纸贴在书背作为辨识。想要送去二手书店的书，就先在书背贴黄色小圆标签纸，等收集到一定数量时，再一并从书架上抽出送出去。

同一门课，但四天的课程有四本不同的讲义，这时就用长尾夹夹起来，要找时才容易找到

散装的讲义，就用 A4 30 孔夹或是 B5 26 孔夹装订起来。过多的讲义，看起来不整齐，也可以用杂志盒装，再反过来放，创造视觉上的整齐

1
2
3
4
5
6
⑦

笔记整理术

五个步骤，完成重现现场的笔记

再回到我的老本行——笔记整理术。

这里要讲的笔记整理术，包含了平时看书、看电影、听演讲或是读网络文章收集来的资料，加上自己的心得做出的笔记，或是开会、与朋友讨论问题做的会议记录或结论等，都适用这套法则：

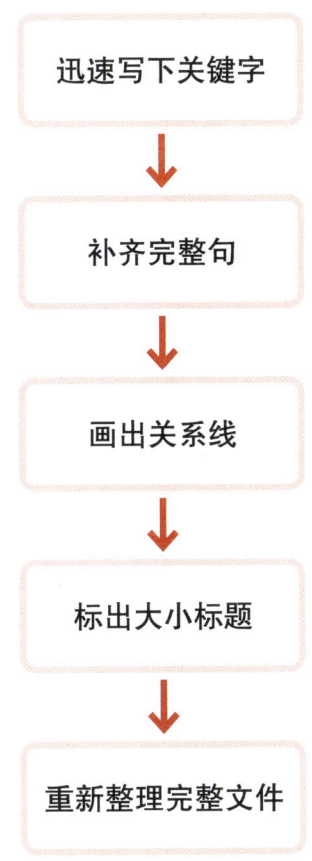

☑ 什么是关键字

如何抓关键字？关键字就像划开的火柴，只要靠近这根火柴，东西全都会烧起来，最后烧光了。一看到关键字，就会不断地联想，最后联想出讲者所要表达的东西。如何抓关键字，这个就要靠练习了。平时可以运用报纸杂志的文章或网络影片来练习，每句抓 1～2 个关键字，如果你能看着自己写下的关键字回想起整篇文章或整段影片内容，那就表示你已经能精准地抓关键字了。

◎ 迅速写下关键字

很多人抱怨在上课或听讲时来不及抄下内容，问我有没有比较快的抄写方法。我学过英文速记，熟练速记法，可以将每个字都写下来。但上课或听讲逐字抄稿是没有效率、也没有意义的，听讲的主要目的是希望学到东西，只要我们能快速地将关键字写下来或画下来就可以了。

◎ 补齐完整句

当场写下关键字，下课或回家后趁着记忆还深刻时，用串词作文法将关键字串成完整的句子，也就是还原讲者的内容。当然，不需要还原至每个字都完全一样，但至少我们想知道的资讯内容全都记下来了。

◎ 画出关系线

讲者讲课时难免内容会前后呼应，所以用线条与箭头来画出时间顺序或彼此的关系线，这样可以让笔记更完整。

◎ 用荧光笔标出层级

即使讲者的演讲如行云流水，一路顺畅，我们在作笔记时也需要将整段演讲分出大标题、中标题、小标题及内文等层次，这样的笔记内容条理清楚，更能帮助我们还原讲者的内容。

◎重新整理出完整文件

听讲时随手写下来的笔记字迹大多潦草，并且经过补齐句子、画线条、画标题后，整份文件看起来难免有点乱。如果是自己做的笔记可以直接保持这种状态，但如果是要当成会议记录或是心得报告，那就得重新整理成完整文件，不然外人是看不懂我们写些什么的。不管是用条例式地打字也好，用心智图软件画图也好，总之，整理出一份完整易懂的文件是必要的。

笔记整理术就讲到此吧。

有朋友会问，咦？ Ada，你怎么没提到衣橱整理、梳妆台整理和厨房整理啊？

认识我的人都知道，我是个不怎么重视打扮的人。除了冬夏两套演讲时专用的"舞台装"外，其余都是同款式但不同颜色的 T 恤，我一口气买了六件，加上两条休闲裤，连穿三年。所有的衣服全部都可以吊挂在衣橱里，一字排开，一目了然。

老实说，根本用不到五斗柜和抽屉。

保养品更是简单，化妆水、精华液、面霜就三瓶。化妆品更简单到只有一个化妆包就解决了，根本用不到梳妆台。

至于厨房，那是我妈妈的天下，有机会再请我妈妈出一本厨房整理书吧！

WEEK /3

限制是为了更自由

多数人不喜欢被约束，我也很讨厌。
但其实这只是给自己的一个原则，
不让生活节奏被随意打乱。

1

2

3

4

5

6

7

工作流程
为什么需要

越是无法掌握，越需要明确管理

✐ 把工作可视化

我不会游泳，因为从小到大所读的学校都没有游泳池，体育课也从没上过游泳课。专科学校毕业后去垦丁玩，同学租了个超大游泳圈，让我们扶着游泳圈在海里漂。其他同学都漂得很开心，只有我全身紧绷，明知道水很浅，可我还是很害怕。越试着让脚踩到地却越踩不到，从那次以后，我再也没去海边玩过，我太害怕没有脚踏实地的感觉。

同样的，我很害怕没有事先做好规划就开始执行的事，也没办法接受突然的变更，我会像踩不到地面那样感到恐慌。虽然已经出过四本书，这是第五本，我仍然会问编辑："你觉得多少字才够？我写这样的内容行不行？"编辑安慰我："你尽管写，你写好的文字我还会再配上图片或是插画，你放心大胆地写吧。"可是我就是没办法安心，一边写书，一边担心字数不够。所以我不管做什么事，都一定要有齐全的准备才敢动手做。

我很喜欢丰田式管理模式中的一个妙招，就是**把所有工作可视化**。什么人在什么时间、什么地点、做什么事，全在一张表格中标示出来。万一 A 计划执行不成，需要 B 计划来弥补时，

	B	C	D	E	F	G	H	I	J
1	1月1日	1月15日	1月31日	2月15日	2月28日	3月15日	3月31日		
2 作者文稿									
3 文字编辑									
4 美编排版									
5 校稿（一校、二校）									
6 印刷									

我喜欢用甘特图来管理专案时程，因为一眼就可看到全貌。我的脱胎换骨变身小手账中也收录了这个表格，希望大家能好好利用

也全都白纸黑字列出来。

日本的手账有点像甘特图式的年度计划表和月计划表，目的是用来做长期规划，但是台湾品牌设计的手账似乎少了甘特图式的表格。试着把所有事情都用表格标示出来，这样就可以在一张表格中看到任务的全貌，知道什么人在什么地点什么时间做什么事。只要手上拿着这张表格，按表执行，心里就会踏实很多。

试着把所有工作都可视化，画成表格或做成检核表，一目

了然。一看到表格就知道自己现在该做什么，心里踏实了什么都顺了。

✎ 行程没写下来，完全没印象

人家说 Google 时代，就要用 Google 时代的整理术。我同

意 Google 时代整理术里所讲的,但我觉得它应该叫"效率工作术",绝不能叫"整理术",因为它根本没涉及整理。就像在一间没隔间、没家具的屋子里,所有东西统统放在屋子正中央,想要拿什么东西,只要喊一声"妈……",东西就自动送到你面前。每次我一举这个例子,喜欢类比整理术的老人家就会哈哈大笑,觉得我举的例子太传神。Google 就像妈妈一样万能,但喜欢数字化的年轻人会不以为然地反驳。

唉!其实双方不必为哪个方式比较好而吵,类比式或数字化的整理术各有其支持者,我们就取长补短,撷取出两者的强项,变成最强大的工具,这样不是很好吗?

以前,老板的行程都是我帮他安排好。他每天傍晚回到办公室,就会把口袋里的小手账拿出来和我的大手账核对行程。而现在数字化后,我只要将他的行程输入 Google 行事日历,电脑、老板的手机、我的手机可以同时看到更新的行程。但问题随之也来了,我每次都是将老板收到的开会通知的电子邮件,直接按鼠标右键,复制贴入行事日历中,虽然又快、又方便,但就是因为太快了,所以这件事不会在我脑海里停留太久,结果我对这件事没印象。有一天,我老板下班回家,刚走出办公室没多久,又匆匆忙忙跑回来,问我:"资料呢?"我抓抓头说："什么资料！"老板说："明天开会要用的资料啊！"我头脑一片空白，打开 Google 行事日历，咦？真的有这件事耶，那资料呢？我甚至连高铁车票都忘记订了。

数字化工具虽然为我们工作提供了很大的便利，但也别忘了原有纸本笔记的好处。

不一定要依照别人的方法全部运用数字化工具来执行工作，有时保留传统的方法也有好处。

☑ 类比 VS 数位

数字（digital）和类比（analog）其实就是两种不同的信号格式。我们一般会把现代普遍使用的电脑、智能手机称为"数字化工具"；早期的纸本文件、档案等则称为"类比式工具"

1
2
3
4
5
6
7

好下棋

找个棋盘

脑中演练，执行时更顺手

记得在写第一本书——《笔记女王的手账活用术》时，我一直找不到一个词来形容我隔天要做的事，在大脑里演练一遍，这样才知道明天该如何做能最节省时间、发挥最大效益。后来在某本杂志看到关于"时间管理"的文章，看到编辑用"沙盘推演"这个词，真是醍醐灌顶啊！没错，就是"沙盘推演"，睡觉前把隔天要做的事都列出来，并且做"沙盘推演"，这就是我想表达的意思啊。

象棋，是从古老的战争谋略中演变而来的游戏，它如同现代军事的"沙盘推演"，象征战争的棋戏。我每天开始工作前的预想时间，就像是"沙盘推演"一样。不过，要下棋前当然要先找个棋盘。我自己习惯用好几种棋盘，以下介绍一下我每天进行沙盘推演的"棋盘"。

✏ Ada 的棋盘演进史

◎厚纸板＋长尾夹

这是我最原始的工具：一块厚纸板（旧笔记本的封面再利用也可以）加上一支长尾夹，就是我每天进行"沙盘推演"的工具。接着，再将办公室里用过一面的打印纸，裁成 A5 大

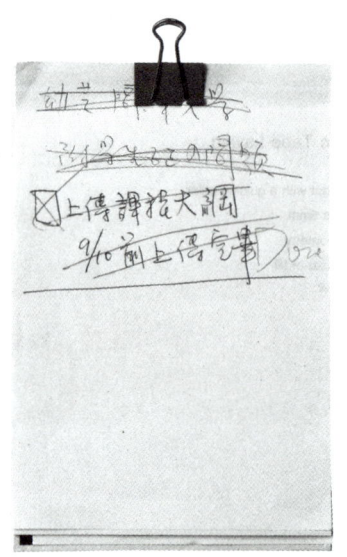

大家可能会觉得我的方法有点寒酸，但我非常喜欢这样的环保小行动

小，这就是我的棋盘了。

◎芬兰夹

后来我买了芬兰夹，它和厚纸板＋长尾夹的用法一样，只是芬兰夹多了一个盖子，可以遮住资料，避免让人家看到我写的内容。另一个好处就是，芬兰夹放在包包里有盖子保护，纸张不会被折得乱七八糟。盖子内侧的透明口袋设计，可以插入临时收到的纸片。我习惯把工作写在便利贴上，一件工作写一

芬兰夹比我自己 DIY 的棋盘好吗？其实不一定，但它确实保护了记录资料的纸

张便利贴，方便随时把工作重新排序。

◎ 附收纳袋的芬兰夹

　　某年年终领到老板给的红包，我就跑去买了这个昂贵的文件夹（下页图示）。右边有方格白纸簿，左边是两三个塑料文件夹，这个夹子有很多隔层，可以收纳更多纸片或单据，让我可以同时处理好几个专案。再配上水性擦擦笔、面纸、便利贴，它又可以像白板的功能一样，在塑料文件夹上写明工作进度或

注解，也可以贴便利贴。水性擦擦笔的好处是写完字变干后，字不会消失，但用沾水的面纸或湿布一擦，就可以轻松擦掉，不像白板笔即使干了，用手一抹字就不见了。

以上三个是我用过的棋盘，它们对我每天的工作安排非常有帮助，大家也可以去寻找适合自己的棋盘，让工作更顺畅。

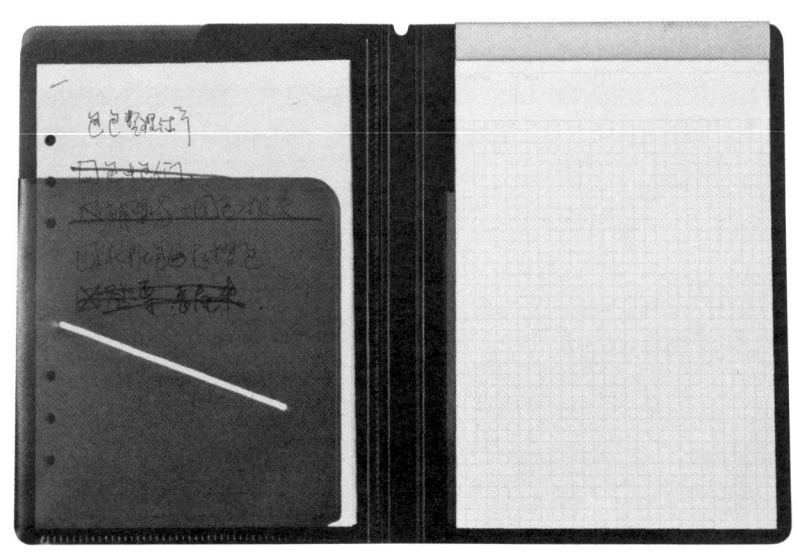

即使有更多的功能设计，好好地使用它才是最重要的

✏️ 比棋盘更重要的棋子

前面看过了我的棋盘，接下来再看我的棋子吧。

将用过的 A4 打印纸裁成 A5 尺寸，就是我的棋子了。**每张A5 纸只写一件事，将这件事的整个处理过程都记录在这张纸上**，不管是中间有等待回应的情况，还是老板临时变更的情况……，**所有的工作历程都记录在上面，并且加注日期与时间，一张写不完，就再写第二张，并将之订在后面。**

这样把事情的处理流程写下来，能让自己的思路更清楚，也能应付作决策时老是反反复复的老板。

等事情全部处理完毕，结案时，正式的文件必须依档案管理规则归档，但这些在工作当中给我们很多帮助的 A5 纸该怎么处理呢？因为它只是执行者自己的工作记录，所以不用归档。这时我用邮局的 5 号便利箱或是超商宅急送的便利袋折成的盒子收纳，因为刚好是 A5 纸大小就很容易装进这些盒子里，等年底大扫除时再丢入废纸回收箱。

我之所以选择放在盒子中过一阵子再丢，是怕专案刚结束，也许会有人来查询工作内容，所以就先放着。等过了一年，应该不会有人来查询内容了，就潇洒地丢弃。

1
2
③
4
5
6
7

抢回主导权

脑中演练，执行时更顺手

"抢回主导权"这个主题应该跟时间管理有关，但跟整理有什么关系呢？你一定会有这样的疑问。其实，整理的目的是让我们的生活和工作都很"顺"，而**"抢回主导权"可以节约时间，在一定程度上促进了生活和工作的便利度。**

　　有次课后聚餐，约了去同学任职的店里。虽然上网查了路线图，也大约知道怎么走。但因为是第一次去那个地方，人生地不熟的，难免会担心。一路上狂风暴雨，我穿着雨衣、骑着摩托车，想找个地方停下来，拿出手机的导航看地图，无奈两旁的店家都没有停车的地方，我担心拿出手机会淋湿，就这样一路摸索着找到目的地。但结果是，我迟到了！

抢回主导权，自己当将军，才能决定这场战役的输赢

为了让自己的工作行程顺利，建议和朋友约的时间、地点由自己来决定。

与其花时间上网找新开的店家，冒着东西不知道好不好吃的风险，加上对路不熟，又担心找不到停车位，不如和朋友约在住家或公司附近常去的店家，一切都在自己的掌控之中，不怕中途有任何差错。这样看起来好像限制自己只能去这几家店，可是对个人时间安排是最妥善的，省下的时间可以更自由地做其他的事。

✏️ 自制岁时记

"岁时记"有点像我们的农历，用来提醒人们什么节日，该准备什么样的东西来庆祝、该吃些什么东西、该举行什么仪式。例如：某个节日要挂鲤鱼旗、某个节气要吃七草粥，等等。

以前的人，把农历当《圣经》来读，种田要看节气、捕鱼要看潮汐，一整年的生活全靠这本册子来提醒。什么时候该播种、什么时候会下大雷雨、什么时候该收割、哪天是什么神明生日要拜拜、中元节要拜拜、什么时间该做什么事，全都依照农历上的指示。

可是现代人大多已经不是农民了，每天的工作不用看节气也不用看潮汐，只是坐在办公室里工作，除了嫁娶、迁新居得看日子，似乎再也不需要农历来提醒我们什么时候该做什么事。即使如此，我们可以做一本现代化的、属于自己的农历，用来提醒我们在办公室里什么时间、该做什么事。

岁时记：过年篇

前四天 （ / ）	前三天 （ / ）	前二天 （ / ）	前一天 （ / ）	除夕 （ / ）
☐订年夜饭 ☐打扫客厅	☐换新钞	☐年货大街 买糖果、 礼品 ☐打扫房间	☐打扫厨房	☐拜拜

订年夜饭：
＿＿＿＿＿＿ 餐厅

订菜明细：

换新钞：
1000 元 ＿＿＿＿ 张
500 元 ＿＿＿＿ 张
100 元 ＿＿＿＿ 张

大扫除
分配工作

以我过年前的准备为例，记下该做、需要做的事，生活就不会大乱公司里总有些固定季节或日子要做的重要大事吧？那就把它写下来，甚至把细节部分也写进去。例如：我在大学里工作，每年五六月面试的研究生会找指导教授；7月1日硕一新生报到，实验室会先教他们一些课程；科技部的研究专案新计划都从8月1日开始执行，所以我7月中旬就必须送兼任助理的人事申请、到科技部网站去签计划同意书、到学校审计室办入账；10月底前要交前一年度7月结案的结案报告。

在一般公司工作的朋友也是有固定季节要做的事，例如：在百货公司任职的朋友要准备母亲节父亲节、周年庆档期的促销活动，出版社的朋友每年二月要准备国际书展，其他公司也会有尾牙或圣诞节的庆祝活动等。

有了这样一本岁时记，该在什么时间做什么事，可以提早做准备，不用时间快到时才开始动手做，这样会因为时间太紧迫而连连出状况。

当然，这本岁时记不会一下子就做好，可能得花些时间，甚至经过几年的修正后才能做得比较完整。但只要开始动手做，以后就轻松了。

有了岁时记，就能提醒自己每个时候该做的事

1
2
3
4
5
6
7

更自由

限制是为了

有了约束，自由度更高

不知道从哪里读到这句话："限制是为了更自由"。从此以后，我就爱上了这句话，并且在生活当中付诸实践。

说我是个无趣的人也好，我使用的文具或其他物品，很多尺寸都是固定的。朋友们知道我很爱买同一款式的文具，但他们不知道，我喜欢这些文具的一大原因是，它们几乎是依照共同尺寸去设计的。我就是爱这些拥有共同尺寸的文具，因为尺寸一致可以方便我整理。

限制自己非同尺寸规格的东西不用，表面上看起来好像很严苛，少了生活乐趣，但事实上会因为东西尺寸规格相同，使用时更顺手，自由度反而更高。

✏ 表面上的受限是更方便自己

◎ 便条纸

例如：我抽屉里便条纸盒放的便条纸，尺寸刚好是活页笔记本的内页大小。这样写完的便条纸就可以直接夹入活页笔记本六孔夹中，不会因为尺寸不同，而要想办法粘贴在活页笔记本上或是特别去打孔，有时手边刚好没有订书机或胶水，又怕小纸片弄丢，真是不方便。

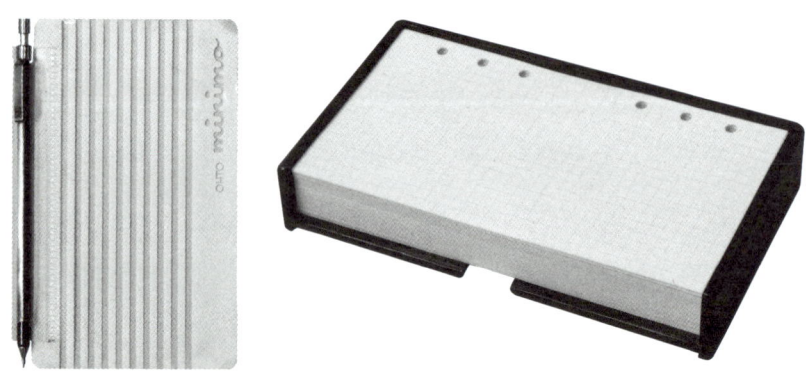

使用与活页笔记本相同规格的便条纸，以及和信用卡相同规格的钱包专用笔，很方便收纳与使用

　　我的钱包手账和钱包笔也是设计成名片大小的尺寸，放在钱包的卡片夹层中刚刚好。即使外出吃午餐，只带钱包出门，我还是有纸笔可以随手记录。

　　在我设计"圆梦手账"之前，我用的手账全都是同一种规格，所以十几年下来一字排开，很整齐，放在小抽屉里刚刚好。

◎ 手提袋

　　大家一定都有这样的经验，办公室里总要有备用的手提纸袋，以防临时需要提资料或是有东西要回礼时要用到。可是大大小小尺寸不一的纸袋很难收纳，即使收纳书教我们大袋套小

每年都使用同规格尺寸的手账内页，只留同一家书店相同尺寸的纸袋，因为尺寸规格相同，就容易收纳整理

袋后塞在柜子里，要用的时候再拿出来。有人提倡买东西自备购物袋，不要拿店家的纸袋，但偶尔遇到需要用的时候，也是一种困扰。

我的原则就是：限制自己只收集某家书店的厚纸袋，每次买书都请店员用他们的纸袋帮我装。购买其他东西时则用自备的购物袋。这样一来，我就有一叠同尺寸、同规格的纸袋，收纳起来整齐、美观、又方便，也免去思考如何收纳的问题。

✐ 简化空间的"自炊"

我常开玩笑说，自己是活在石器时代的人，好多新型的数字化产品我根本不会用。事实上，我还是很努力地在跟上时代啦，如用了智能手机，买平板电脑，还偷偷去上些数字化工作术的课。

现在就来分享我的数字化工作。

◎不重要的资料就数字化

首先，把一些较不重要的文件扫描成电子文件后归档，这个最简单，只要把扫描仪安装好，把文件全部扫描归档就 OK 了。

有一天，我的老板拿着一张 B4 大小的文件，请我帮忙扫描，这可考倒我了，我的扫描仪只能扫描 A4 尺寸的文件，这太大了怎么放进扫描仪呢？还好当时我已经买了智能手机，也下载了"扫描王"之类的应用程序。用手机拍照后，它会自动作光学校正，档案看起来就像是扫描的一样，只是光线不均匀，感觉有些地方较暗，有些地方较亮，但也解决了一个问题。

玩出兴趣后，我开始把一些不重要的文件扫描成电子档，也把老板 20 多年前存放在办公室里的简报投影片扫描存档。

通常整理一个大环境，总是要先从小地方开始，所以我就从文件的减量开始，把早年的文件扫描归档，这样就可以清掉大部分的纸本文件，空出档案柜里的空间。一些放不下的文件，也让它们有家可归了。每天扫描一点点，清出一些空间，整个人不知不觉地就清爽起来了。

◎ 想保留的杂志资讯也数字化

在日本，有个名词叫"自炊"，字面上的原意是自己煮饭自己吃，但后来把自家的书拆开扫描成电子书这个动作的发音，跟"自炊"很像，于是日本人也把自己的书拆开扫描成电子书称为"自炊"。

我仍然喜欢读纸本书，所以没有把我的藏书"自炊"，但我把杂志"自炊"了。杂志里一些过期的资讯当然撕掉丢弃，但想保留的文章就把它扫描成电子档，这样一来，我的房间又空出许多空间，可以容纳更多的书籍。

"可是我不习惯读电子书耶……"，也许你有这样的疑问，其实我也是。所以我只是把年代较久远，已经读过而且在书里作过笔记的书"自炊"，其余较新或是还没读过的书，我是没办法"自炊"的。还是得等到整本书都读完，并且在书中做了笔记写完心得才"自炊"。这样才可以把笔记和心得连同书的内容都"自炊"成电子档。

我也曾想过直接买电子书。后来发现，我这个老人家实在不适应读电子书。光是想在书上作个笔记，就要去找画面中的笔在哪里，还要选择笔记粗细和颜色，等到我找好时，我也忘了刚才想画哪一段话，也忘了想写什么心得。所以我依然使用自己最熟悉的方法，用铅笔在书上做笔记写心得。

不过我常年订阅的两本杂志，再续订时我就选择订阅电子杂志了。电子杂志可以在手机或平板电脑上阅读，有些需要保留的页面，也可以利用手机或平板电脑截取画面的功能将它截取下来。画质还蛮清晰的，要整理成笔记时，也可以贴进文字档或简报档里，非常方便。

1
2
3
4
⑤
6
7

换个方法试试

变通一下，任何事都会变得不一样

商品设计通常是为符合多数人使用而设计的，但如何将买来的商品变成最符合自己需求的，就是我们自己的责任了。

有些商品并不需要大大地改造才能符合我们的使用要求，只要在使用时加点巧思，就会变得很好用。

✏️ 便利贴

大家一定用过各式各样、各种尺寸的便利贴吧？我喜欢一致性，所以我只买最大尺寸的，但是使用时会将便利贴倒过来，把有粘胶的那一头朝下，松开的那一头朝上，就从松开的那一头开始写，写完后就剪下来或用刀片割下来，剩下的半张便利贴还保留可以粘的部分，变成尺寸稍小的便利贴。这么一来，一张便利贴可以用好几次。

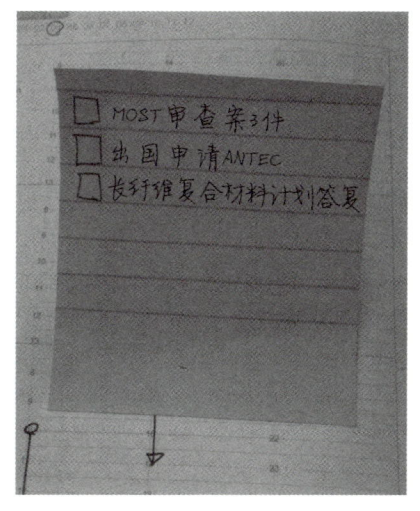

另一个将便利贴倒着用的方法，则是将字写在有粘胶的那一面，然后倒

着贴在透明文件夹上。这样就可以一眼看清文件夹里的东西，也不会因为一直抽换文件而必须把便利贴重复撕粘。

✏️ 杂志盒

杂志盒是收纳文件的好工具，一般人都是将开口的那头朝外，方便看到里面放的文件，也较容易取放。对于平时较少取用或是放了很多凌乱文件的杂志盒，这时可以将杂志盒反过来

存放不常用资料的杂志盒就可以这样处理，视觉整齐，就会感觉空间变清爽了

放，创造视觉上整齐划一的效果。

✎ 茶包与卤味包

除了前述的便利贴与杂志盒，在办公室里，我还有不少不按牌理出牌的鬼点子。其中最受人称赞的，莫过于我用"卤味包袋"泡茶了。有时候一场大型会议参加者就有七八十个人，一下子要准备那么多茶水，当然用大茶壶及大茶包，不过市面上没有卖那么大的茶袋，我就用卤味包袋来代替，反正两者的功能都相同，材质也相同，效果都一样。

✎ 纸胶带分装片 VS 标签

另一个常被人称赞的妙招就是，利用市售纸胶带分装片来当线圈笔记本的分类标签。线圈笔记本没有书背写笔记本的分类，这时候可以借助这种纸胶带分装片来做标签，超好用的。

总之，不管某个东西出品时厂商赋予它什么名称或功能，只要好用，变化一下用法，就是最棒的工具了。

1
2
3
4
5
6
7

懒人整理术

整理不是勤劳人专属，懒人也能整齐又有序

大事放脑中，小事记纸上，对于懒人，连记纸上都懒。那怎么办呢？来分享一下我的"懒人整理术"吧！

懒人整理术的目的，是要简化大脑的工作量，尽量把大脑用在思考重要的事情上面，那些琐碎的小事，就用一些小技巧来记忆，不要浪费大脑功能，甚至连记纸都不需要。

举例来说，我们可以做到这些：

✏️ 要大分类，不要小分类

我经常被问到的问题是："档案或资料要怎么管理，才能快速找到啊？每天花在找东西的时间实在太多了。"还曾经有朋友问我："我每天的工作好杂啊！有我自己要做的事，有主管交办的事，有别部门主管叫我做的事，有其他部门同事叫我做的事，还有一堆等别人处理完后我才能处理的事……，我都不知道怎么分类，就把这些事全放在电脑桌面上，提醒自己这些事还没处理完。可是电脑桌面就很乱，找个程序或档案很花时间，有时找一找，被同事打断，就忘了我在找什么档案了，真是困扰啊！"

我听了马上回答："你那些自己要做的事，主管交办的事，别部门主管叫你做的事，其他部门同事叫你做的事，还有一堆等别人处理完后你才能处理的事……，不都是你应该要完成的事吗？为什么要分类？你只有一个分类叫'未完成的事'。"

每个人都希望在射飞标时，可以一次就射中靶心，但现实生活中不太可能这么幸运。就像你想找个档案，不要期望一出手就拿得到，但稍微翻个 1 ～ 2 层档案柜就找到，也是可容许的范围。

 凡事要一致

◎ iPhone 桌面排列和 iPad 相同

我的手机桌面和平板电脑桌面的应用程式排序是相同的，因为我不想费脑筋去记应用程序的位置，这样就可以减少找应用程序的时间。

同样的方法也适用于家里需要用手机或平板的长辈。如果家中长辈的手机桌面和我们所使用的桌面应用程序排列方式是相同的，那么家里长辈打电话来问你手机或平板怎么用时，你

就可以依照你手机画面告诉他，在第几页、第几行、第几列的那个应用程序按下去，就可以找到啦！

　　我就是这样整理 iPhone 和 iPad 的桌面，使用时不用再花多余的脑力去想，也很方便家里的老人家

◎名片排序和档案排序相同

前面已提过名片排序的方法，而档案的排序方法也要和名片一致。例如：名片是先以产业类别来分类，其次以北中南地区性来分类，再接下来是以公司名称第一个字的笔画数来排序。那么，档案的分类原则也要以产业类别优先，其次以北中南地区性来分类，再接下来是以公司名称第一个字的笔画数来排序。

当分类和排序的原则相同时，大脑不需要因名片和档案是不一样的东西而切换寻找方法，只要依寻同一个原则就可以轻松找到需要的名片或档案。

◎连颜色都一致

就像我前面在包包整理术中所写的，下班后所上的课，我就用不同的包中包来装课本和笔记本，而我的笔记本也随着包中包的颜色分类。绿色包包配绿色封面的笔记本，黄色包包配黄色的笔记本，蓝色包包配蓝色的笔记本。这样一来，即使在很忙乱的状况下，我也不会拿错笔记本或带错包中包。

用颜色区分最直觉、简单，不用多花时间思考，是不是非常适合懒人呢

顺从大脑的渴望

让大脑带领你，思考更顺利

猜猜，这四支笔的墨水分别是什么颜色？黑、红、绿、蓝？不！我刚拿到时也很开心地以为是四色笔，结果四支笔竟然都是蓝色墨水。我的大脑已经自动认知它们的墨水颜色和笔杆颜色是相同的，红色笔杆写出来就应该是红色的，所以这四支笔用起来很不习惯。

　　从小到大，我们都被世俗的事给洗脑了，例如：看到医院想到白色，看到邮局想到绿色。有人说大脑都被僵化后，没有创新的能力。但换个角度想，有了这些僵化的东西，我们可以不用再花时间去思考，直觉就可以判断出来，并且做出反应。

　　我工作的地方有一个办公室，办公室墙上有一个楼层分配表，如下图所示。

七楼	XXX 教授	XXX 教授	XXX 教授	XXX 教授	XXX 教授
	XXX 教授	XXX 教授	XXX 教授	XXX 教授	XXX 教授
	XXX 教授	XXX 教授	XXX 教授	XXX 教授	XXX 教授
	XXX 教授	XXX 教授	XXX 教授	XXX 教授	XXX 教授
六楼	XXX 教授	XXX 教授	XXX 教授	XXX 教授	XXX 教授
	XXX 教授	XXX 教授	XXX 教授	XXX 教授	XXX 教授
五楼	XXX 教授	XXX 教授	XXX 教授	XXX 教授	XXX 教授
	XXX 教授	XXX 教授	XXX 教授	XXX 教授	XXX 教授
	XXX 教授	XXX 教授	XXX 教授	XXX 教授	XXX 教授
四楼	XXX 教授	XXX 教授	XXX 教授	XXX 教授	XXX 教授

有没有觉得奇怪？为什么四楼在五楼的上面呢？

我们大脑的直觉不应该是第二张图所示吗？

另外，我很喜欢的一部日剧《脑科学先生》，其中一集提到，男主角为了测试坏人是不是真正犯案的歹徒，于是在前一天先告诉歹徒，左边粉蓝色标志是男厕，右边粉红色标志是女厕。结果，第二天，男主角故意把男厕的标志换成粉红色，女厕的标志换成粉蓝色。歹徒果然跑错地方被逮到了。因为歹徒凭着前一天被误导的指示记忆，反而上了男主角的当。例如：刚刚提到的楼层表，就应该设计成楼层低的在下面，楼层高的在上面。

如果男女厕标志的颜色互换，你会不会跑错地方？为避免这样的错误发生，某些东西的设计就应该顺从大脑的直觉

MON

TUE

WED

THU

FRI

SAT

SUN

WEK /4

养成好习惯

每天一分钟的练习，
可以获得更多的改变。
还可以减少好多可能让你烦心的状况。

WEEKLY PLAN

1
2
3
4
5
6
7

生活中的丰田式管理

小小动作省去大大的麻烦

154

提到整理术，一定会提到丰田式管理的"5S"，**"5S"的用意就是"清理现场，使问题被看见"**。通过区分物件的"必要性"，让作业环境中的每样物件都可清楚辨识，这是很有必要的。有兴趣的朋友可以深入研究，在这里我只提我用到的方法。

物归原处

《德国流扫除术》一书提到，如果养成物归原处的习惯，其实平日根本不用额外花时间整理的。

✔ 28 天，养成好习惯

有人说，养成一个好习惯要花 21 天的时间，我觉得自己比较笨，大概需要 28 天才能养成好习惯。但即使是这样也没关系，请利用附录里的"好习惯养成日记"表，只要哪天能够把所有东西都物归原处，就给自己贴一张奖励的贴纸，或是画个可爱的星星，哪天没做到就归零重来，直到连续 28 天都把东西物归原处时，好习惯就养成了。保持这样的好习惯，我相信生活会越来越单纯清爽，也会越来越快乐。

小时候，我家的东西都是全家共用的，剪刀、胶水等，万一有人拿去用了而没有放回原处，就会对其他人造成困扰。以前我们东西用完没放回原处，就会被大人们骂得很惨，如此一来，就养成物归原处的习惯。

现代人的物质生活很充裕，每个人都可以拥有自己专用的剪刀、胶水等文具，东西不放回原处也没有人会骂你，渐渐地

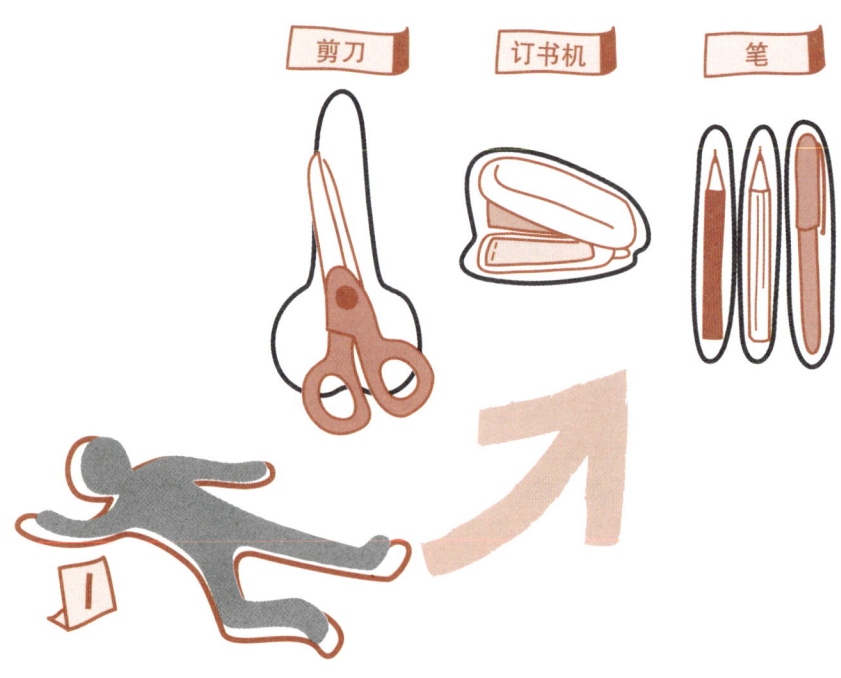

剪刀　　订书机　　笔

就忘了要物归原处的习惯。久而久之，东西再也没有固定的家，每次要用东西时，就得回想，上次用完放在哪里了呢？

其实只要养成物归原处的习惯，就没有必要安排大扫除时间了。

丰田式管理中有一招我觉得很妙，为了让工厂里的共用工具都能正确归位，他们把放置工具的推车或柜子，都画上工具的符号，看起来就像电视剧里演的——发生凶杀案时，警察用粉笔在地上画出死者身型轮廓的样子。画完符号后在每个工具上面贴上编号标签，相对应的柜子上也贴上同样的编号标签。这样每个使用完工具的工人，就可以按照编号和符号，确实地把工具放回原处，不会搞错。工厂里的每个人都养成这样物归原处的习惯，整个工厂的工作就会顺利、不出差错。

有人把这个方法用在办公桌抽屉的文具整理上，买一块厚泡棉，画出剪刀、尺、美工刀等文具的外型；并把中间挖空，这样文具就可以卡进挖空的凹洞里，所有文具都有自己的形状，无法放进别的洞当中，自然而然每个文具都有固定的家，做起事来也可以很顺利。

✏ 画水位线

另一个方式，就是画水位线。用过开水机的人都知道，装生水的透明瓶身有一条红色水位线，只要水量低于红色水位线就必须加水。这条红色水位线主要是提醒我们要加水，同样地我们也把它应用在其他需要补充的耗材上。例如：叠得高高的打印纸，用到一定数量时，就需要打电话请厂商送过来，那么就在墙上画条红色水位线吧！看到红色水位线就知道要打电话请厂商送纸了。

✏ 随手可拿的说明书

新买电器的用品保证书和说明书，真是个令人头痛的东西。我家的习惯是新电器买回家时，就随手把说明书和保证书丢在附近的柜子上或桌面上，之后就忘了它们的存在。

其实将电器送到家，业务员帮你安装好，并教会你如何使用后，就不太用到使用说明书了吧？现在更方便了，只要上官网录入产品制造号码和个人资料就搞定，因为电器公司有你的资料，维修时有没有保证书都没关系。电器使用说明书不丢掉不知该放哪，乱放看起来又很糟糕，丢掉又怕某天需要用时不知怎么办。我是直接用夹链袋把说明书装起来，粘贴在电器的下边或背面，电扇就粘贴在底座下面，电视机就粘贴在电视机背面。打印机就粘贴在侧面。这样一来，平时不会妨碍电器产品使用，需要用时，只要找找电器的上下左右，就可以找到使用说明书了。

有人建议我把使用说明书"自炊"，扫描后放在云端笔记本里。哈！我太懒了，懒得把说明书扫描上传。这种使用频率这么低的东西，就不用"自炊"了。

🖊 隐藏的记号

不知道大家有没有过这样的经验，正式信件要折三折时，很是令人头痛。折四折还好，只要对折再对折就好，可是折三折要怎么对齐啊？以前在学校修打字课时，所有信件都是用长边和短边，刚好是 3∶2 的信纸，所以只要一张放横的、一张放直的，顺着叠在一起，就大约是 1/3 了。可是现在都是用 A4 纸，怎么样才能折出 1/3 呢？

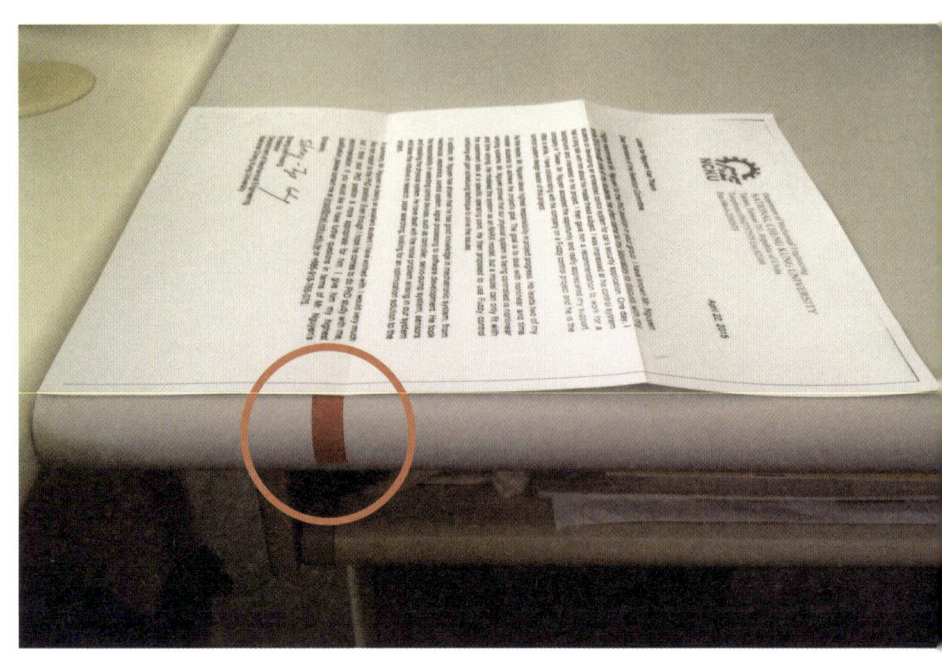

我的做法是在桌上画记号，先量好 A4 长边 29.7 厘米的 1/3（9.9 厘米），然后在桌面上画个记号。之后折信纸时，就把信纸放在桌面上，一边紧靠桌面边缘，在做记号的地方折出第一条折线，另一边缘再和第一条折线对齐，这样就可以折出第二条折线，轻轻松松地就能把信纸折成三折。

这就是我从丰田式管理中学到的几个妙招，你也试试看。

Ada 问问题

想想看，在生活或工作中，有什么是需要在桌面上做记号的？

1
2
3
4
5
6
7

看哪里不爽，就解决它

主动去做，才能拔掉脚底的刺

✏️ 己所不欲，勿施于人

很久很久以前，有一本叫《别为小事抓狂》的书，内容是教人要心胸宽大，不要为了别人对我们的误解或负面的评语而抓狂。在这里我要说的别为小事抓狂，就是真正的小事，让人很抓狂的小事。

我当小助理时，有一次，我们到各大专院校去发一个大型活动的宣传单。有一位教授打电话来严厉指责"为什么宣传单上只写日期，不写星期几？"那时的我实在太笨了，心想不过是没注明星期几而已，又不是写错日期，有必要发那么大的脾气吗？我私底下还骂那位教授吹毛求疵。

后来我发现，对我们这种工作周期是以星期来算的人，对星期几这件事很在意。例如，我的老板每周三、五有课，那么所有在星期三、五的活动就不能参加。同样地，现在在网络上看到开课或是演讲资讯，我一定先看是不是在假日，如果活动时间是在周一至周五，而活动地点又在其他县市，我会立刻放弃，为五斗米折腰的上班族，只能在周六、周日的休假日进修啊。

抱着"己所不欲，勿施于人"的心态，不想收到一份没注明星期几的宣传单，那么我就不能发没注明星期几的宣传单。只要从自己做起，发出的每份活动信息都注明星期几，若看到活动网页或其他传单没有注明星期几的，我也会很不客气地去告知对方，以自己的影响力让大家都把事情做得更完美。现在回想起来，还蛮感谢当年打电话来的教授呢！

🖊 听说每个女孩都有这样一把椅子

之前网络上流传一张名为"听说女生都有这样一把椅子"的照片，看到时不免会心一笑。回到家，书包一定是往椅子上丢。冬天的时候，外套也是往这椅子上放。在镜子前试穿后觉得不搭的衣服也往椅子上堆……总之，这把椅子就是一个暂放空间，久而久之，放在这里的东西渐渐被遗忘，然后这把椅子就变成永久储存空间。当你想开始整理，却又不知道从何下手时，就从这把椅子开始吧！

你的办公室里有没有一个地方也像这把椅子一样，从暂存空间变成永久储存空间？看一下会议室的角落，有没有上次办活动留下来的工具？走道上是不是还堆着好几箱上次办促销活

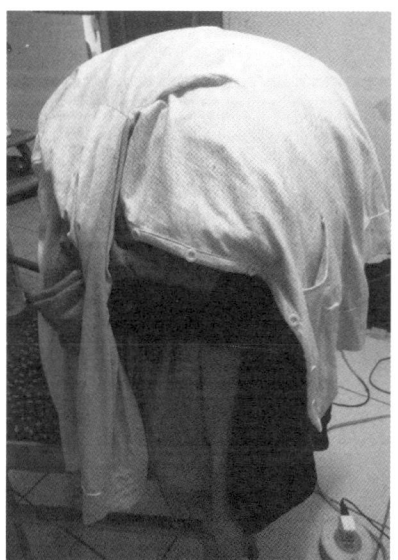
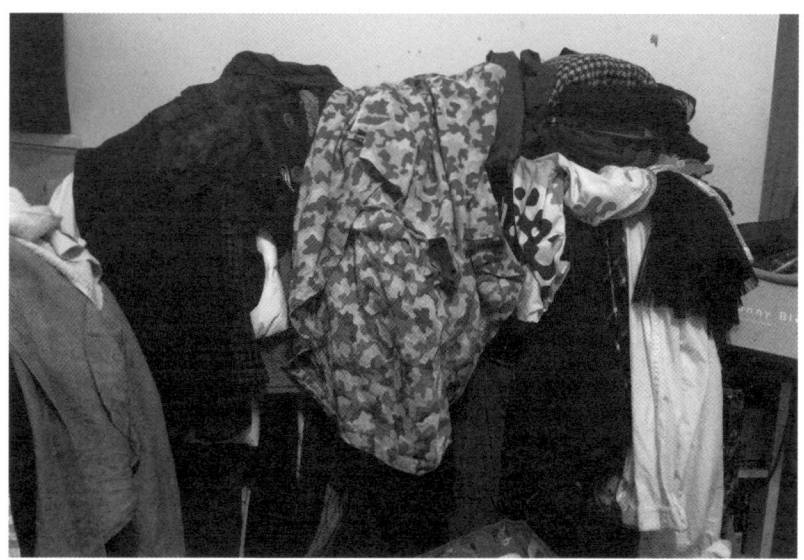

快看看你的房间角落，如果也有这样一把椅子，快点消灭它吧

动的宣传单？刚开始只是借放一下，想等有空时再来整理。可是事情一件一件来，怎么可能有空去整理那些箱子呢？久了就变成永久存放在那里了。

以前我工作的地方不在老板的研究室，我只要管好我自己的座位和档案就好，老板的研究室有多乱都不用管。几年前，我才开始进到老板办公室，我刚帮老板整理研究室时，他的会议桌上叠了一摞摞的会议资料，每次开会回来，就把资料往会议桌上平放，等以后有空再整理，不管是系务会议、跟学生的研究进度讨论，还是去参加大型的论文发表会……，全都叠在会议桌上。我想应该有很多人跟我老板有相同的习惯。因为书柜、档案柜、桌子的抽屉已有固定要放的资料，所以刚开会回来还没整理的资料，就不能放进档案柜中，最好的方法是放在空的会议桌上。我老板还算幸运，自己的研究室里有个小会议桌，但大部分的上班族只有一张办公桌，公用的会议桌不能用，所以未整理的资料就只能堆叠在自己的桌面上了。

帮我老板整理的第一步，就是找来纸箱，把会议桌上超过10年的文件丢进废纸回收箱。这样一来，会议桌上的文件少了一大半。接下来，别人主办的会议，能在别人处找到的会议记录档案也丢进废纸回收箱。例如：系务会议的会议记录，因为系办一定有归档，需要时去系办公室找就可以了，我们自己不需要存档。有电子档的就丢弃，需要时再把电子档打印出来即可。

如此一来，会议桌顿时清空了不少，剩下的文件就以类别、时间为序归档到档案柜里。

哦！天啊！会议桌的桌面又重见天日了！

Ada 问问题

你有没有一个像我老板研究室里的会议桌一样的地方？每次有东西进来就先暂放的地方，比如办公桌面、桌子下，走道旁、办公室的角落。记得每天花 10 分钟，清理一下不要的东西吧！

✐ 为"吱吱"叫的轮子上油

进到老板办公室后，我发现还是没办法静下心来工作。该整理的都整理了，该买的设备也都买了，照理说应该是个很完美的工作环境才对，为什么我会静不下心来工作呢？

观察了一阵子，发现问题出在我坐的椅子上。那张椅子的轮子上卡了很多头发，移动时不像其他椅子可以自由自在地滚动，不仅如此，还会发出刺耳的"吱吱"叫声，真令人不舒服。有一次，我要从椅子上站起来，照理说我要起身，椅子应该会被我的大腿往后推，让我顺利站起来。可是椅子的轮子卡住了，非但没有被我的腿往后推，反而是我被卡在桌子抽屉和椅子中间站不起来，又跌坐回椅子上。

刚开始，我总觉得时间应该花在重要的事情上面，像这种小事等有空再来处理。直到跌了很多次后，跌到心情糟透了。我终于忍不住大发脾气，把椅子推倒在地，用修指甲的小剪刀，剪碎卡在轮子里的头发，再找来机车油点了几下。所有恼人的问题全解决了。现在的我就像坐学步车的小孩一样，用脚一蹬就滑向打印机，再用脚一蹬就回到座位。

这种自由自在的感觉多美好啊！为什么我当初要忍大半年，又把自己的心情弄得很糟呢？

别的整理术的书都只教人家丢东西，少买东西，可是我东西已经够少了，怎么心情还是不清爽呢？看看周遭是不是跟我一样有个会"吱吱"叫的椅子让你很抓狂呢？

整理的目的，就是要心情清爽。

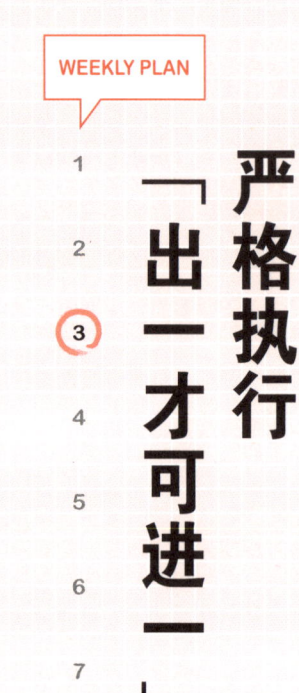

WEEKLY PLAN

1
2
3
4
5
6
7

严格执行「出一才可进一」

有了控制，凡事才不会大爆炸

✎ 管理公司事务的秘诀

一般公司的档案都规定有保存年限，有些 5 年，有些 10 年。总之，年限一到就必须销毁，档案室维持一定量的档案，以防被一直增加的档案塞到爆满。

例如：2015 年时，档案室里保存着 2005 ~ 2014 年的档案；2016 年年初，档案室会增加了 2015 年的档案，所以必须淘汰 2005 年的档案，保留 2006 ~ 2015 这 10 年间的档案。

同样的方式可以用在个人工作或生活上：买一件新衣服，就必须淘汰一件旧衣服；买了一个新包包，就把旧包包送出去；换了个新手机，就把旧手机送出；多买了几本新书，就从书柜中挑几本旧书送去二手书店。

前面清理工作做得很彻底了，后续的维持工作也要做好，否则没几天又会回到一团乱的状态。平日维持好整理后的清爽环境，才不枉我们前面两周辛苦的整理。这时候就要严格执行"出一才可进一"制度。无论如何，物品的总量绝对不可以增加。

✏️ 生活中更要严守

这个概念也可以延伸到另一个值得注意的问题，那就是不要在家里囤积物品。有些人喜欢趁特价打折时买一堆卫生纸、清洁剂、食品等消耗性东西，因为觉得特价买比较划算，最后的结果是，家里还要特地准备一个储藏室来存放这些物品。

只要不是住在边远郊区，到处都有便利商店，实在没必要买这么多东西回来囤积。想想看，房价那么高，每个月缴那么多房贷不是用来囤物品的，是用来让人住得舒适的。

来说说我的例子：大家都知道上大卖场买女性卫生用品比在超商买便宜很多，所以我都开车去大卖场买很多回来放。有一年，我特别忙，到处跑来跑去，忙到都忘了时间。每次发现"大姨妈"来，都是人在外面的时候，只好急急忙忙地冲进超商买卫生棉用。直到有一天，我发现家里的卫生棉过期了，才惊觉我之前囤太多了。后来我就养成习惯，不去大卖场买东西回来放，超商的东西虽然贵一些，但对我来说更便利。一瓶洗发精用完再去买一瓶洗发精回来，一支圆珠笔笔芯快用完前才去买笔芯回来……总之，严格遵守"出一才可进一的制度"，才能享受周遭环境带来的清爽人生。

1
2
3
④
5
6
7

快乐工作的二心法

有些事，不需要追求精准

✏️ 大约就好

前面提到的"限制是为了更自由",所以生活中难免给自己定一些严格的规矩。但有些事,不需要追求精准的,就不要对自己那么严苛了。

我妈妈教我煮饭,要加调味料时最常说的一句话就是:"就量其约啊就好,"(闽南语,这句话的意思就是"大约就好")。可是这个"大约就好"真是考倒我了,为什么不直接告诉我要放入一茶匙或是 3 克?为什么叫我"量其约啊就好"?我怎么知道我加的盐巴够不够?或是会不会太咸?

长大后,从生活当中体会到"大约就好"的智慧。

有一次看电视访谈节目,主持人说了一个故事:有一天,突然有 10 个客人来家里吃饭,可是家里的面条只剩够 9 个人吃的该怎么办?主持人的爷爷就教她,多放一碗水下去煮面。多加了水的面条煮过后膨胀,分量就变多了,这样即使只有 9 人份的面条也够 10 个人吃了。

我很爱吃的一家面店,一锅肉臊就能做出不同的料理:阳春面、米粉汤、烫青菜、卤味等。看着老板娘不管客人点什么,都是从同一锅卤肉臊里舀出肉臊淋在面上或烫青菜上。我以为老板娘淋的肉臊都一样，后来我发现买阳春面时的肉臊没那么多肥肉，但买米粉汤的时候肥肉好多。不都是同一锅舀出来的吗？我问老板娘，为什么米粉汤的肉臊肥肉比较多？老板娘说：因为米粉吃起来比较涩，要多放点肥肉口感才不会涩。同一锅肉臊，用在阳春面和米粉汤上就不同。

夏天一到，人手一杯手摇茶，别小看手摇茶哦！它饱含着人生智慧呢。大家有没有发现，同样是点"少冰"的茶，夏天的"少冰"和冬天的"少冰"，冰块量就不同？夏天的"少冰"冰块量很多，因为当你外带回家时，天气太热，冰很快就会融化，茶不冰也就不好喝了。

这样"大约就好"的方法，我把它应用在泡茶的时候。曾经读过一本关于高级秘书工作术的日文书，里面提到，在夏天时，高级秘书会在客人一进屋就奉上凉茶，因为外面天气热，客人一定很热，所以第一杯凉茶让客人喝起来是最舒服的；第二次奉上茶水时，客人已经在冷气房里待了一段时间，有时会议室里冷气太强，这时客人没那么热了，奉上的茶水最好是温茶。

粗枝大叶的我，应该没法做到这样，但我也有泡茶的小技巧，可以教新进的秘书或助理们，利用的就是"大约就好"的心法。

平时算好客人来的时间，把茶先泡好，从冲热水到茶叶舒展开、开始有味道，至少要 5 ~ 10 分钟的时间。万一客人提早到，而茶水来不及泡好，怎么办？这时改泡红茶吧。因为红茶茶叶一冲入热水，颜色和味道马上出来，很快就可以上茶水。第二种方法，就是再多放一点茶叶进去，让大量的茶叶味道融进少量的水里，这也是快速将茶泡好的一种方法。

✏ Quick and Dirty

我老板在指导学生做实验时，常常来一句："Quick and Dirty"。我老板说，这是当年他的指导教授常对他说的一句话，他也就这样传承下来，用来教学生了。

"Quick and Dirty"是指为求工作速度快，做出来的事不是很完美也能被接受。例如，餐厅厨房为了能应付突然来的大量客人，所以他们就不太讲究厨房的干净整洁，以快速出菜为主。等到菜上得差不多了，才会空出手来整理厨房。

某些事情只要求快速完成，但不要求完美的，我就用"Quick and Dirty"的方式进行。帮助我"Quick and Dirty"的最大功臣就是 4B 铅笔。

以前念书都用 2B 铅笔画答案卡，用 6B 铅笔画素描，所以我对这两种笔芯的铅笔有种熟悉的感觉。但自从我去学画画，老师教我们用 4B 铅笔打草稿后，我竟然爱上了 4B 铅笔。它不像 2B 铅笔颜色那么淡，又不会像 6B 铅笔那样，手不小心抹过去就黑成一片。4B 铅笔就是那么刚刚好，颜色够深，手抹过也不至于太黑，用橡皮擦擦拭时，也能很快地擦干净，不会在纸上留下刮痕。

老板要出差开会，专业的秘书应该打一张整齐又漂亮的资料，告知老板高铁时刻，下车后到几号出口，接车的司机大名

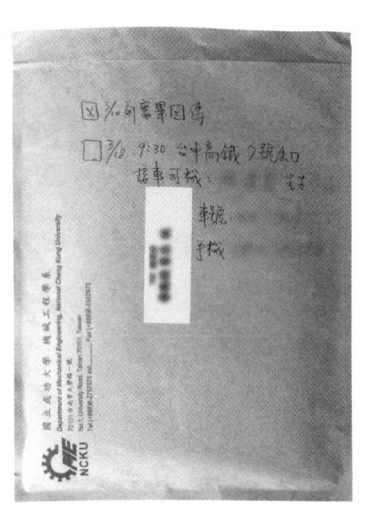

和手机号码。但打字、打印再粘贴在牛皮纸信封上会花不少时间，我就用 4B 铅笔直接在文件的信封上写上要搭的高铁班次，到站后要来接的司机大名和电话，我老板一看就清楚明了，知道要搭什么车、去哪里、开什么会。虽然牛皮纸信封上的字潦草又很丑，但

这并不影响老板出差的目的。

正式的公文当然会在文件上标示档案编号的条码，也都会送学校文书组或公司的档案管理单位归档。如果是我们自己用的非正式文件要归档时该怎么做呢？这时我就用 4B 铅笔在背面写上自己编的档案编号，再收入档案夹中。只要我想找档案时能找得到，谁在乎我用什么方法呢？

印过单面的打印纸，背面可以再利用。这时用 4B 铅笔在上面画大叉叉，以免背面再利用时，会分不清楚哪一面才是正确的。选用 4B 铅笔来画大叉叉也是有原因的，因为用过的打印纸再放入打印机中，画叉叉的笔墨难免会印到下一张纸的正面，这时用橡皮擦稍微擦一下就会干净，如果是圆珠笔油墨，就难处理了。

读过的书或文件，需要做笔记或做记号时，当然也是用 4B 铅笔在上面直接做记号，字迹潦草也没关系，因为只要最终目的达到，这些小记录只是过程，不那么重要，用 4B 铅笔直接书写最快了。

1

2

3

4

⑤

6

7

防止犯错，从头开始

让生活中的失误概率降至最低

✏ 给用过的打印纸画叉叉

之前在《笔记女王的手账活用术》一书里提到，先列出琐碎时间可做的事，等待真碰到琐碎时间时，就可以立刻开始做。例如，有 3 分钟空档，就可以去化妆室补妆；10 分钟的空档，可以拿出单字卡背一两个单词等。

别以为琐碎时间就不能做整理，我最常利用琐碎时间做的事就是把印过一面，背面还可以利用的打印纸，用 4B 铅笔画个大叉叉。

为什么不用其他的笔，而一定要用 4B 铅笔呢？前面说过笔芯过硬的铅笔，容易刮纸，在纸上留下痕迹；而笔芯过软的铅笔，很容易因为被手抹过后就弄脏纸面，甚至一叠纸放在一起时，会沾到接触的另一张纸。我试过用 4B 铅笔刚刚好。万一这文件还要用，可以用橡皮擦擦掉，不会留下痕迹，如果不小心沾到另一张纸的背面，也可以轻易地擦去。

别小看用 4B 铅笔画叉叉这个动作，这可以帮助你避免工作上的失误。

想象一下这个画面：你抱着一叠用过一面的打印纸，放进打印机，把要交给老板看的文件草稿打印出来，你很仔细地确认过纸的正反面方向，也仔细地确认过所有细节，结果打印出来后，一不小心没拿好，全落在地上，这时才想起来没有编页码，一叠两面皆打印过的纸散落在地上，你全捡起来了，可是……你分不清哪一面是要给老板看的，哪一面是上次用过不要的。所以，我平时只要有空，就会拿出 4B 铅笔和一叠用过单面的打印纸来画叉叉，再放回回收纸专用盒中。

整理的目的除了可以方便拿取你想要的东西之外，也会避免工作中发生失误，不是吗？从今天开始，养成闲暇时把单面打印纸拿来画叉叉的习惯吧！

✏️ 为文件贴上标签

从头开始防犯错误的方法，除了前面说的给用过的打印纸画叉叉之外，还要养成为文件贴标签的习惯。

人的记忆力有限，正在处理中的文件，当然印象深刻，即使没有写下任何注记，我们都可以清楚地知道处理到什么地步，处理到哪个流程。有些固定的工作，可以将流程写在便利贴上，贴在处理中的文件上，做完就打勾，完成到哪个步骤一目了然。

我自己习惯用 4B 铅笔在处理中的文件写上：待主任签名、印一份副本给 XXX、等○○○回复后再送出之类的提醒字眼，如果是正式的文件，就写在便利贴上，再贴在文件上。

好记忆比不上烂笔头，写下来以防错误发生。

✏️ 用颜色提醒自己

常用的书信文件或合约公文，多数人都习惯打开以前做过的类似文件档案，直接修改内文中的日期、人名、地名或其他关键字，变成一份新的书信或文件再送出。可是常常会有没改到的地方，真糗。

这时的最佳做法就是将旧有的文件存成范本，需要修改的关键字就用不同颜色标注，这样我们才能确保每个该修改到的地方都有修改。免得发了封称谓错误，或是内容有误的文件出去，事后要道歉及修改，会花费更多力气。

感谢函

○○○您好

　　感谢您特别抽空参加敝公司举办的○○○○○○活动，在此表达十二万分的谢意。

　　希望以后可以继续获得您的支持，谢谢。

○○○年○○月○○日

○○○

1

2

3

4

5

6

7

一物多用

为一种东西想出一百种用法

过年大扫除时，我清出了以前数码相机专用保护袋，数码相机早就坏了好几年了，而这个真皮保护袋质感很好，舍不得丢掉，但又找不到适合的相机来装，就这样被搁置好多年。还有一个真皮的手机保护套，那是早期折叠型手机专用，还可以挂在腰间，现在已经找不到折叠型手机了，这保护套也是完好没坏，但找不到可以让它发挥作用的地方。

✏️ 有了筷子，为什么要买打蛋器

生活中是不是常常出现上述的这种情形？我也体会到，买东西一定要为将来作长远的打算，当这个东西以后不适用了，还能拿来做什么呢？

"有了筷子，为什么要买打蛋器？"我常提到我妈的这句话。筷子的用途很多，但打蛋器的用途很少，只要筷子能做得到，就不需要买打蛋器了。我们家并没有常常做蛋糕或烤饼干，打蛋器用到的机会很少，筷子能代替，就不要买打蛋器了。我家买东西的原则，就是判断这东西是否还可以用在其他地方。

✏️ 长尾夹的 N 种用法

在写这本书时，正逢农历年前发生美浓大地震，台南有几栋建筑物倒塌，最严重的那栋建筑物还造成不少伤亡。整个过年假期都没有心思玩乐，守着脸书或其他网络媒体，看看有没有任何需要帮忙的消息。

印象深刻的是，有位救援人员在脸书上写了："有慈善团体问他们需不需要行军床休息？"当下这位救援人员就说："不用，随地躺下都可以休息，不用行军床。"他想到的是，等救灾工作结束，这些行军床怎么处理是个大问题。这也让我想到，平时我们需要什么工具就立刻去买来用，等到用不着时，却不知道如何处理这些工具。所以我平时买东西都要三思，家中是不是有其他可以取代的东西，哪天不需要时，这个东西还有没有其他可以用得到的地方？所以在办公室和我家，我喜欢用几个工具来变化使用方法，这个地方不需要了，就用在其他地方。

其中我最喜欢的是长尾夹，有人叫它"燕尾夹"，还有一种变形的叫作"转尾夹"。总之，它的构造简单，使用方法更是变化多端，在我整理东西时，长尾夹是个不可或缺的工具。

在网络上也可以搜寻到长尾夹的各种用法，在这里我想介绍我平日的几款用法，如果大家有任何长尾夹的使用方法，也欢迎跟我分享哦！

◎ 板擦

有几次上课，教室里的白板擦破旧不堪，或是没有白板擦。我灵机一动拿出包包里的面纸，几张叠在一起，折几折，用长尾夹夹起来，就是好用的白板擦了。手抓着长尾夹的部分，用面纸去擦，都不会弄脏手。

◎分类

我们都有过这种体验，上课时老师发的讲义，有 A4、B5 等不同尺寸，加上自己用的笔记纸又是 A5 的，尺寸不齐很难整理。这时只要一支超大长尾夹，把所有讲义笔记夹在一起，背面贴上分类标签，就是最好的分类工具了。

◎电线整理

传输线、电源线、充电线……，当人类生活水平不断提高，使用的电器产品也越来越多，身边需要用到的电线就越多。怎么整理这些线呢？买电线整理器来整理是最好的，但我这个人就是喜欢一物多用，不想为了几条电线就去买只有一个功能的电线整理器，这时长尾夹就是很好用的整理工具。将电线圈成一圈，再用长尾夹夹住即可。不用时，就还原它原本的长尾夹功能，家里也不会无端多出一个电线整理器的杂物。

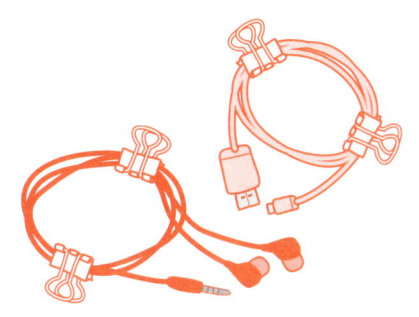

◎ **固定器**

　　一排的纸盒放在抽屉内当分隔容器时，为了防止小盒子在抽屉内跑来跑去，可以用小长尾夹把两个盒子夹在一起，固定住不会乱跑。也许你会问：我用双面胶把它们粘贴在一起就好

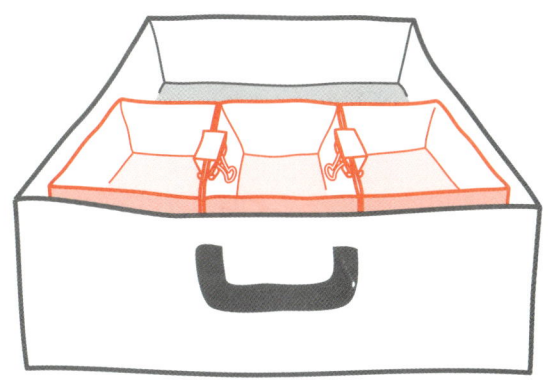

了啊，为什么要用小长尾夹？因为我的目的是希望每个东西都可以还原成原来的样子继续使用。

◎钥匙挂钩

把公用的钥匙穿过长尾夹耳朵，挂在墙上，用完再挂回，钥匙不会弄丢。

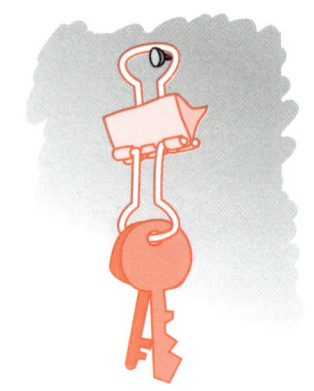

◎笔插

夹在写字板上，用绳子将笔绑在长尾夹上，这样笔和写字板就不会分开了。

◎标示牌

在档案盒上用长尾夹夹住，再用标签纸写上分类，就是最简洁的标示牌了。

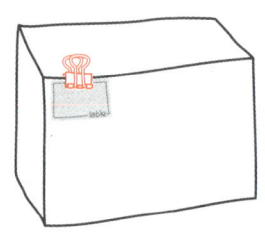

◎简易站立架

长尾夹在办公室可以当便条纸站立架，在厨房可以当菜瓜站立架。

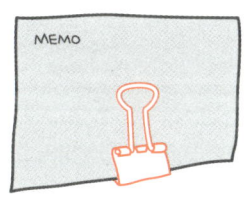

◎密封袋口

吃不完的零食，可以将袋中的空气先挤出来，再将袋口卷起来后用长尾夹夹住，省得再买密封夹。

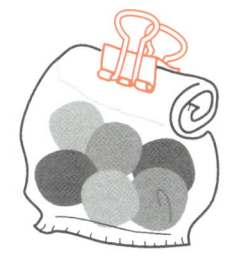

📝 橡皮筋及回形针的 N 种用法

我不是要故意挡人财路，只是市面上有几款以回收纸设计的笔记本，其实不需要花钱购买，只要一条橡皮筋就可以解决了。

将一叠回收纸对折，中间穿过一条橡皮筋，就是一本随手可用的回收纸笔记本。奢侈一点，加一张厚纸板作封面更棒。

如果想要用回收纸做一本上掀式速记簿，也不需要买单字卡专用的圈圈或原子夹，只要将回收纸打两个洞，穿过一条橡皮筋，橡皮筋的两头用回形针固定就可以了。回形针还可以自由开合，加入或取出内页纸呢！比起其他收纳孔夹还方便。

我还有其他关于橡皮筋的鬼点子：把橡皮筋束在原子笔或铅笔外围，防止笔滚动掉到地上；把橡皮筋束在杯子外围，喝甜的饮料时，不怕蚂蚁爬进去；出门只想带两三支笔，不想带一整个大铅笔盒时，可以用橡皮筋将几支笔束起来，当作临时的笔袋。

你看看，虽然很平凡无奇，但生活中多了这些想法，日子也变得很有趣呢。

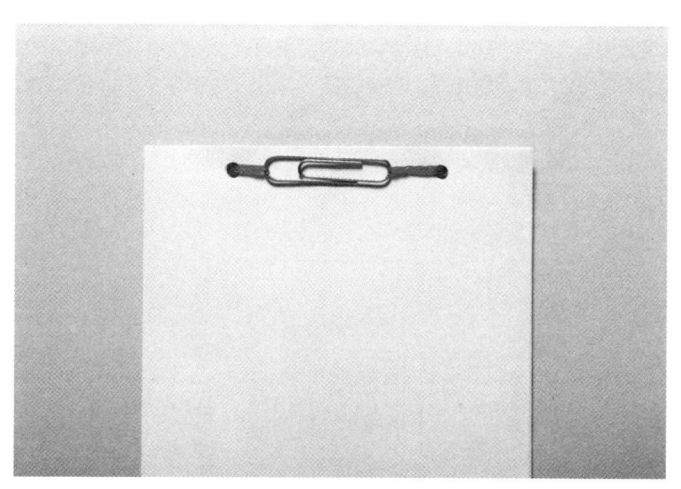

我爱这种"生活小智慧",让每样物品不仅只有一种用法

1

2

3

4

5

6

⑦

物尽其用

改变你对每件物品的态度

很久以前，有篇网络流传的文章提到，家里雨伞很多的人不可靠。因为会有这么多把超商卖的雨伞，表示这个人出门都不注意天气，也不随身带雨伞，一碰到下雨就跑去超商买伞，或是带了伞却忘在商店或客户的公司里，久而久之，家里就堆了好多把雨伞。由此可以看出，这样的人是很随性的，甚至可以说是懒散，懒散的人做事绝对不牢靠。

为避免自己成为懒散的人，家里莫名其妙多出像雨伞这样的东西出来，可以试着以"物尽其用"为出发点，改变自己对东西的态度。

珍惜资源，物品也开心

"以珍惜资源为出发点，把一件东西用到极致"是我家一向的传统，我也养成这样的习惯。前一阵子，我把一支用了27年才坏掉的吹风机丢掉了。从我以前去台北念书时买的吹风机，一直到毕业搬回台南还继续用。我之前的 PDA 手机也用了6 年才让它退休，现在用的手机也使用 4 年了。

珍惜资源的好处是，不会买一堆没用的东西回家，或是不经大脑思考就冲动购物，只要家里或办公室里的东西少了，整

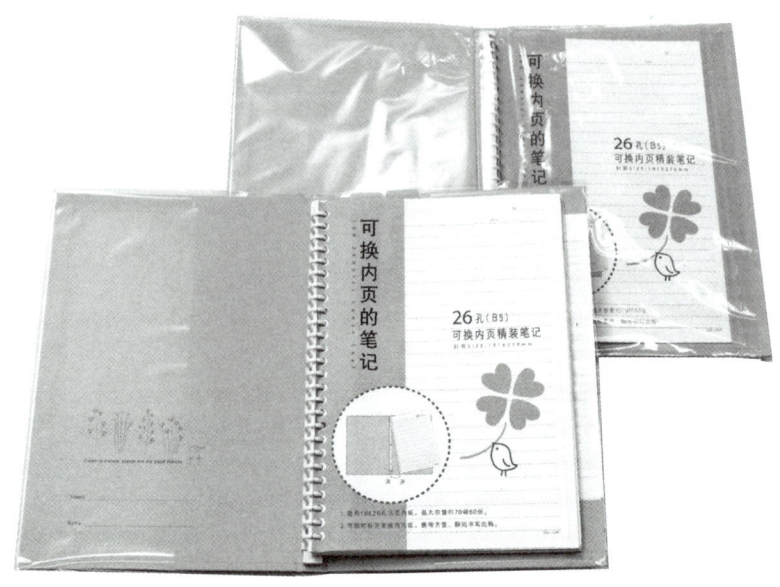

将原本的包装袋进行小改造，不用多花钱，还能增加使用性

理起来就容易；只要外在环境的东西变少，自然而然心里就会
觉得清爽，头脑也会变得更清晰。

每样东西都要珍惜

　　除了该花钱买的东西我很珍惜之外，我对于包装的塑料袋
也尽量物尽其用，这样可以减少垃圾的产生，也可以把包装的

塑料袋或纸盒作最佳利用。像新买的二十六孔活页夹外的透明塑料袋，我把它从中间剪开，变成透明书套，两边还可以像口袋一样插入纸片。

办公室里其实还有很多可以再利用的东西，例如：我会用写过的便利贴来清电脑键盘，便利贴的黏性可以把键盘缝细隙中的头发或灰尘粘起来；嚼到没味的口香糖，大家一定是随手抽一张卫生纸包起来丢掉吧？噢，这样太浪费卫生纸了。两面都用过的打印纸撕一角，或是拿写过不要的便条纸来包就可以了，不要浪费卫生纸。

订阅杂志时，寄来的信封多是环保塑料袋材质，在大自然环境中半年内可以自动分解。我就用它来当办公桌座位下的垃圾袋，封口粘胶反折，贴在抽屉边，就不用买垃圾桶放在脚下了。

环保又不占空间的废物利用法，是不是很厉害

关于收纳用具，有些专家认为收集饼干盒子或牛奶空盒，将它们拼凑在一起后就可以成为抽屉隔间，或是放在茶几上

收纳遥控器或其他生活小物等，这样物尽其用很环保。另一派的专家说法则是：与其等待收集可用的空纸盒，不如直接去买适合的塑料收纳盒，一来塑料盒比纸盒坚固耐用，二来市售的收纳盒都是经过设计的产品，所以买收纳盒比收集纸盒好。

✐ 环保原则

我常说我小时候物资比较缺乏，所以"把垃圾变黄金"是我的长项，我支持捡纸盒来做收纳隔间及收纳盒，不过我捡纸盒也是有原则的哦！

◎ 短时间能大量收集到的才收集

有段时间我身体较虚，把滋补液当开水喝，天天补身体。短时间内我就有了一大堆空盒，每个尺寸都一样，我就把它们当作抽屉隔间，放入不同的生活小物件。

◎ 在固定商店买东西，取得同尺寸的纸袋

前面提过"限制是为了更自由"，我只在固定几家书店买书，也只保留这些书店的纸袋，其余喜饼、礼盒等尺寸不一

　　那阵子，我的抽屉里用好多纸盒当隔间，把小东西一一分类，非常方便

即使是回收的盒子，因为用同一种盒子，看起来也很美观

的纸袋就拿来当废纸回收袋，挂在办公桌底下，把不要的废纸往里面丢，最后整袋拿去回收，刚刚好。

◎ **符合某东西尺寸的盒子**

　　某家超商的便利袋，不仅可以寄 A4 文件，沿着虚线折一折，也会变成小盒子，可以装入物件。很巧的是，这个折起来的盒子，刚好可以放入 A5 的纸，所以我拿它来当暂存盒，把一堆 A5 的草稿纸或随手做工作记录的纸都暂存在这个盒子里，等年底大扫除时再拿去回收。为什么叫它暂存盒呢？因为有时候我们认为工作已经完成，可是过一阵子，老板或同事又来问起，这时我们可以从暂存盒里寻找当初写下来的资料，这些随手的 A5 小纸片，不需要存档，但太早拿去回收又怕某天需要用到，所以放在这个小盒里最适合。

用一些生活小巧思，就能减少家中囤积的物品，珍惜地球

让回收的旧纸盒重新变身，不仅是物尽其用，也是爱地球的表现啊

资源，不会给自己制造太多的麻烦。

瞧！第 202 页的图片是我办公室内最自豪的一个档案柜，用邮局的便利箱，把外型尺寸不一的东西装在箱内，看起来就整齐划一。

✏ 运气不好时，试一下丢东西吧

运气不好时，看什么东西都不顺眼，心情很不爽，那我要从哪里下手啊？

以前常听人家说，当你倒霉时，就去剪头发，这样可以去除霉运。你看电视上演的连续剧，剧中人从监狱出来，不是直接回家，而是找个地方理头发，进门前先过火炉，进门后再吃一口猪脚面线，把噩运全都丢掉，重新开始美好的人生。

其他整理术的书也都说，把东西丢出去，生活变清爽后，心情也会变好，做起事来就会顺风顺水。并且我发现，丢弃不要的东西确实让我有好运，而且屡试不爽。所以当我在办公室里遇到倒霉的事或是不顺心的事，没办法马上剪头发去霉运，我就会把桌子下面的垃圾袋拿到公共垃圾桶去丢。

如果丢到没东西可丢时，那就整理一些用不到的东西送给公益团体吧！公益团体会把东西送给需要的人，多余的物资也可以在跳蚤市场上义卖，所得捐给需要帮助的人。这样不仅可以清理家中多余的物资，也可以做好事，用做善事的快乐，来取代不爽的心情，何乐而不为呢?

啊……顺啦

电影看到片尾，会有出错的爆笑镜头，本书的结尾也来个爆笑故事好了。

这本书拖这么久才出版，都是为了这个图啦！为了要截取这张玩一半的连环新接龙，我就拼命玩连环新接龙，玩得太投入了，每次玩到画面出现烟火，才惊觉：啊！我错过了我要的画面，只好再玩一局。一局又一局……于是拖了这么久。

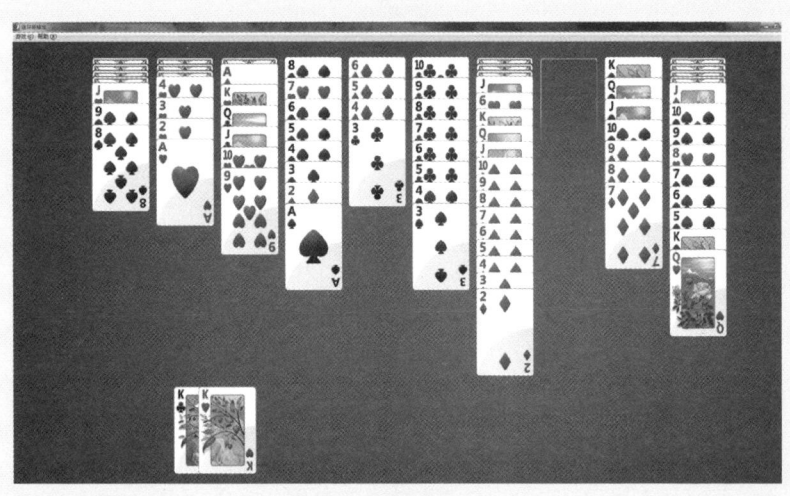

言归正传。这几年是我的职业转型期，也是我人生最乱的时候。不只学校的工作量突然增加，还有许多新规则上线，忙得我一团乱；因为出书后演讲邀约增多，自觉能力不足，又到处报名上课进修，说好听是生活得很充实，其实我自己心里明白，我是如何的"乱"。不仅周围生活环境变乱，连脑袋思路也变乱。我花了一点时间慢慢整理，慢慢把以前的东西都固定位置，把凡事爱整齐的习惯找回来，舍弃掉一些邀约及进修课程，让生活渐渐回到正轨。

　　从整理术当中我体会到，人要的是一份安定感，每样东西都在它该在的位置上，事情该完成的，也依序完成。一切都那么顺畅。

　　整理，就是求一份"安定感"与"顺"罢了。

　　书终于写完了，我想大喊一声："啊……顺啦！"

MON

TUE

WED

THU

FRI

SAT

SUN

附录

用整理，
找到更好的自己

事情不乱

工作不忘

人生大好

身边有哪个角落是我最看不爽的，拍个照贴在这里

我看这里最不爽：

我希望的是这个样子： 如贴杂志或网络上找来的图

Just do it

解决方法

改造步骤:

 破坏　如消灭清单

☐

☐

☐

☐

☐

☐

☐

☐

建设 如买五个三层柜

☐

☐

☐

☐

☐

☐

☐

☐

消灭清单

丢弃	送人
文具类	文具类
☐	☐
☐	☐
☐	☐
☐	☐
☐	☐
☐	☐
书报杂志类	书报杂志类
☐	☐
☐	☐
☐	☐
☐	☐
☐	☐
☐	☐

文具类

☐☐☐

☐☐☐

☐☐☐

☐☐☐

☐☐☐

☐☐☐

书报杂志类

☐☐☐

☐☐☐

☐☐☐

☐☐☐

☐☐☐

☐☐☐

行动办公室整理清单

包中包清单：

化妆包

☐　　　　　☐　　　　　☐

☐　　　　　☐　　　　　☐

☐　　　　　☐　　　　　☐

数码产品包

☐　　　　　☐　　　　　☐

☐　　　　　☐　　　　　☐

☐　　　　　☐　　　　　☐

工具包

☐　　　　　☐　　　　　☐

☐　　　　　☐　　　　　☐

☐　　　　　☐　　　　　☐

文件包

☐　　　　☐　　　　☐

☐　　　　☐　　　　☐

☐　　　　☐　　　　☐

补习袋

☐　　　　☐　　　　☐

☐　　　　☐　　　　☐

☐　　　　☐　　　　☐

发票整理

☐　　　　☐　　　　☐

☐　　　　☐　　　　☐

☐　　　　☐　　　　☐

试试看，是不是闭着眼睛都能拿到东西。

办公桌改造计划

悄悄地，每天改变一点点，别影响到正常工作。

丢弃 不要的东西		整理 第二个抽屉	
把多余的文具 放回公司的 仓库		整理 第三个抽屉	
把该归档的文件 放回公司的 档案库		整理 电脑桌面	
整理 办公桌面		整理 硬盘档案	
整理 第一个抽屉		其他	

岁时记:_____篇（请自行复印使用）

☐	☐	☐	☐	☐
☐	☐	☐	☐	☐
☐	☐	☐	☐	☐
☐	☐	☐	☐	☐
☐	☐	☐	☐	☐

甘特图（请自行复印使用）

＿＿月

工作项目	1	2	3	4	5	6	7	8	9	10	11	12	13

16	17	18	19	20	21	22	23	24	25	26	27	28	29	30	31

好习惯养成日记

	Start						
第一周							
第二周							
第三周							
第四周							Goal

整理后心得：

经过 28 天的整理，感觉如何呢？

贴几张整理后的照片，描述一下自己现在的心情

图书在版编目（CIP）数据

整理，让我脱胎换骨 / 笔记女王Ada著. — 成都：四川科学技术出版社，2017.9
ISBN 978-7-5364-8729-1

Ⅰ.①整… Ⅱ.①笔… Ⅲ.①成功心理－通俗读物 Ⅳ.①B848.4-49

中国版本图书馆CIP数据核字(2017)第166626号

整理，让我脱胎换骨：让生活变轻盈、更丰富的4周变身计划

版权所有 © 林珮玲（笔记女王Ada）

本书版权经由三采文化股份有限公司授权光明书架（北京）图书有限公司简体中文版权

委任安伯文化事业有限公司代理授权

非经书面同意，不得以任何形式任意重制、转载。

整理，让我脱胎换骨

ZHENGLI RANGWO TUOTAIHUANGU

著　　者	笔记女王 Ada
出 品 人	钱丹凝
责任编辑	夏菲菲　李蓉君
封面设计	蓝秀嫆
责任出版	欧晓春
出版发行	四川科学技术出版社

成都市槐树街2号　邮政编码 610031
官方微博：http://e.weibo.com/sckjcbs
官方微信公众号：sckjcbs
传真：028-87734039

成品尺寸	145mm × 210mm
印　　张	7　字数100千
印　　刷	北京佳信达欣艺术印刷有限公司
版　　次	2017年9月第1版
印　　次	2017年9月第1次印刷
定　　价	36.00元

ISBN 978-7-5364-8729-1

邮购：四川省成都市槐树街2号　邮政编码：610031
电话：028-87734035